www.tredition.de

AF204976

Der Zufall ist nur die Tarnung der Göttin,
wenn sie anonym wirken möchte.

René Antoine Fayette

Überleben statt Zufall

private Katastrophenvorsorge für ein Leben ohne Strom, Wasser und Geldautomaten

www.tredition.de

© 2015 René Antoine Fayette
Umschlaggestaltung: René Antoine Fayette

Verlag: tredition GmbH, Hamburg
ISBN:
978-3-7323-3025-6 (Paperback)
978-3-7323-3026-3 (Hardcover)
978-3-7323-3027-0 (e-Book)
Printed in Germany

Bibliografische Information der Deutschen Nationalbibliothek: Die Deutsche Nationalbibliothek verzeichnet diese Publikation in der Deutschen Nationalbibliografie; detaillierte bibliografische Daten sind im Internet über http://dnb.d-nb.de abrufbar.

www.tredition.de

Inhaltsverzeichnis

Ohne Strom, Wasser und Geldautomaten

Kennen Sie Apophis? Ich bin mir ziemlich sicher, dass momentan weniger als ein Prozent der deutschen Bevölkerung diesen kleinen Asteroiden kennen. Am Freitag, den 13. April 2029 werden aber mit Sicherheit fast 90 Prozent der Menschheit diesen rund 300 Meter großen kartoffelförmigen Brocken kennen und aufgeregt beobachten, denn er wird an diesem Datum sehr, sehr nahe an der Erde vorbeifliegen.

Keine Angst! Nach heutigen Berechnungen wird Apophis mit sehr hoher Wahrscheinlichkeit nicht auf die Erde stürzen und wenn doch, würde dieser Asteroid die Menschheit nicht vernichten, sondern nur dezimieren. Würde Apophis auf die feste Erdoberfläche stürzen, entspräche dies der Sprengkraft von 18 Zarbomben (die Zarbombe war die bislang größte Wasserstoffbombe mit 50 Megatonnen TNT Sprengkraft, welche vor vielen Jahren die damalige Sowjetunion testweise einmal zündete), dieser Asteroid würde also etwa 900 Megatonnen TNT Sprengkraft haben. Das entspricht fast einem Erdbeben der Stärke 8.

Im Umkreis von 200 Kilometern wäre bei diesem Asteroideneinschlag jegliches Leben ausgelöscht, im Umkreis von einigen tausend Kilometern gäbe es beträchtliche Schäden durch Druckwellen, Hitzeeinwirkungen sowie Lava-, Asche- und Trümmerregen, aber insgesamt würde es der Flora und Fauna auf der Erde trotzdem gut gehen, trotz der anschließenden jahrelangen Wetterkapriolen mit möglicherweise schlechten Ernten. Je nach Einschlaggebiet kämen also einige tausende oder einige Millionen Menschen um.

Würde Apophis aber ins Meer stürzen, dann gäbe es gigantische Tsunamis, an den nahen Küsten mit über 100 Metern Höhe, an fernen Küsten in tausenden Kilometer Entfernung aber auch noch mit über 30 Metern Höhe. Die Anzahl der Toten würde um mindestens das Hundertfache ansteigen, viele hundert Millionen Menschen könnten dabei sterben. Die Menschheit würde aber trotz der Verluste der vielen Küstenstädte weiter existieren, egal ob Megastädte wie New York, London, Lagos, Alexandria, Singapur oder Hongkong sowie die unzähligen kleineren Küstenstädtchen und -dörfer weggespült wären.

Wenn Sie nun dummerweise in so einer Schadensregion leben und aber weit genug weg von der Totalvernichtungszone zufällig noch am Leben geblieben sind, dann besitzen Sie schlimmstenfalls nun eine baufällige Wohnung oder ein beschädigtes Haus ohne Glasscheiben, ohne Dachziegel, ohne abschließbare Türen, ohne Strom, ohne funktionierende Wasser- und Abwasserversorgung, ohne Heizung, ohne funktionierende Infrastruktur in der Umgebung und natürlich ohne staatliches Gewaltmonopol! Eventuell sind Sie oder ein anderes Familienmitglied auch verletzt, müssen sich aber selbst behelfen.

Es gibt natürlich auch andere Katastrophen-Szenarien, die enorm kritisch sind und jederzeit eintreten könnten. Seit 1998 gibt es offiziell die islamische Atombombe. Inzwischen haben sich je nach Informationsquelle 75 bis 120 Atombomben (Stand 2014) im gefährlichsten Staat der Welt, in Pakistan angereichert, die dem IS (Islamischer Staat) in die Hände fallen könnten, wenn Pakistan als gescheiterter Staat vielleicht bald zusammenbricht und sich dem IS unterwirft. Dann muss die Welt künftig auch mit Atombomben-Anschlägen rechnen. Darauf ist die Weltbevölkerung weder vorbereitet noch sind die Behörden dafür ausgerüstet.

Natürlich gibt es aber auch Katastrophen durch Kriege, Bürgerkriege, Orkane, sehr seltene Megavulkan-Ausbrüche, weniger seltene Kernschmelzen in benachbarten Atomkraftwerken, normale Erdbeben oder Tsunamis. Aber auch Seuchen, Währungszusammenbrüche oder elektrische Sonnenstürme können Chaos erzeugen. Immer stehen Sie mit Ihrer Familie dann vor einem Szenario, das den bisherigen Lebensalltag schlagartig ändert!

In der Regel treten Kriege, Bürgerkriege, Orkane, Sonnenstürme oder Seuchen nicht unerwartet auf, es verbleiben oft noch Stunden, Tage oder Wochen, um sich und seine Familie darauf vorzubereiten. Natürlich werden dann staatliche Institutionen frühzeitig Gegenmaßnahmen einleiten, wenn Szenarien erkennbar auf Sie zukommen und Sie werden sich an Hamsterkäufen beteiligen, staatliche Hilfsgüter entgegennehmen, Evakuierungsbefehlen Folge leisten oder sich in der Wohnung verängstigt verbunkern und Vorkehrungen treffen.

Schlimmer sind die unerwarteten Szenarien (Asteroideneinschläge, Atombomben-Anschläge, Megavulkan-Ausbrüche, Erdbeben, Kernschmelzen in Atomkraftwerken, Tsunamis und Währungszusammenbrüche), die auf eine Vielzahl von Menschen in einem begrenzten Bereich plötzlich einwirken. Hamsterkäufe sind dann meist nicht mehr möglich, schlimmstenfalls sind die Geschäfte innerhalb von Stunden schon geplündert, die noch vorhandene Staatsgewalt ist hoffnungslos überfordert oder existiert nicht mehr und Sie haben Angst, noch auf die Straße zu gehen. Nun noch Vorkehrungen zu treffen ist dann fast unmöglich, Sie müssen mit dem, was Sie noch besitzen, eine unbestimmte Zeit auskommen.

Nach ein paar Tagen werden Sie möglicherweise erkennen, dass Sie zuerst einmal auf sich allein gestellt sind. In allen Lebensbelangen! Geld ist bedeutungslos geworden, Geldscheine sind nur Papierzettel mit nummerierten Versprechungen. Sie können nichts mehr einkaufen, werden auf der Straße verfolgt, belästigt, vielleicht auch angegriffen und ausgeraubt. Je nach Situation und Szenario gibt es auch keine Verwaltung mehr, keine Polizei, keine Feuerwehr, keine Apotheken, die Krankenhäuser sind entweder hoffnungslos überfüllt, nicht mehr funktionsfähig, geschlossen oder sogar geplündert.

Transportmittel stehen auch nicht mehr zur Verfügung, mangels Benzin oder mangels befahrbarer Straßen. Allein nach einem schweren Orkan liegen alle paar Hundert Meter umgefallene Bäume auf der Straße, Sie können weder vorwärts noch zurück.

Bei einem kriegerischen oder terroristischen Einsatz eines Atomsprengkörpers entsteht ein elektromagnetischer Puls (EMP), der alle empfindlichen Halbleiterelemente zerstört, also sämtliche Elektronik im Haushalt und im Auto. Militärfahrzeuge sind deshalb gegen einen elektromagnetische Puls 'gehärtet', Ihr schickes Auto auf der Straße aber nicht! Wenn Sie einmal ein verblüfftes und ratloses Gesicht sehen wollen, dann fragen Sie doch mal Ihren Autohändler, ob er auch 'EMP-gehärtete' Fahrzeuge im Angebot hat oder nachrüsten kann. Wenn nun aber Millionen stehengebliebene Autos mit zerstörter Elektronik die Straßen blockieren, kommt auch das Militär mit Hilfsgütern nicht mehr so schnell durch. Die Besitzer von Oldtimer-Fahrzeugen werden sich freuen, dass ihre alten Vehikel mangels Elektronik noch zuverlässig funktionieren, aber dann auf die Notstandsgesetze schimpfen, die es den Staatsbehörden erlauben, funktionsfähige Fahrzeuge für staatliche Zwecke einfach zu beschlagnahmen.

Ohne Strom funktionieren keine Tankstellenpumpen, Barcode-Kassen, Geldautomaten, Telefone, Internet, Beleuchtungen, Öl-, Gas- oder Fernheizungen, Wasserpumpen, Verkehrsampeln, Fernseh- und Radiogeräte, Ceranfelder oder Mikrowellenöfen in der Küche oder Durchlauferhitzer im Bad. Unsere menschliche Rasse des Homo Sapiens ist bislang 400.000 Jahre ohne Strom zurechtgekommen, das werden Sie sicherlich auch heute noch irgendwie einmal einige Wochen schaffen müssen.

Ohne Frischwasser aber wird es schon gefährlicher. Der sofortige Gefahr des Verdurstens werden Sie mit Wasser aus dubiosen Quellen, seien es Bäche, Flüsse oder Seen, eventuell auch Regenwassertonnen, entgegentreten, immer mit dem ängstlichen Hintergedanken, welche Keime, Bakterien, Viren oder radioaktive Stoffe sich bereits im Wasser befinden. Eventuell könnten Sie das Wasser aber noch abkochen, wenn Sie ein Feuer haben. Schlimmer, aber schleichender ist die mangelnde Hygiene, kein Händewaschen, kein Baden oder Duschen, kein Zähneputzen und natürlich auch keine Klospülung, das Zeug muss aber irgendwie woanders hin und das wird zumindest in einer Stadt schnell ein Problem. Die üblichen Seuchen wie Ruhr, Typhus und Cholera sind da ganz schnell da.

Nach einer Woche erkennen Sie möglicherweise, dass sich nichts ändert, keine fremde Hilfe kommt, keine staatlichen Strukturen wieder entstehen und agieren. Wenn die Nahrungsvorräte ausgehen, bilden sich plündernde und raubende Banden, welche die Haus- und Wohnungstüren eintreten, sich gegenseitig um eine Packung Nudeln prügeln, Tote liegen dann in den Wohnungen und auf den Straßen, Seuchen ergreifen die Oberhand, der Mob zieht durchs Stadtviertel oder durchs Land, ein Menschenleben ist nichts mehr wert. Jeder einzelne Mensch wird zum Raubtier, wenn er Hunger hat, aber nichts bekommt. Solange der Mensch noch einigermaßen bei Kräften ist, wird alles versucht, zu überleben, leider meist rücksichtslos auf Kosten der anderen.

Die Erfahrungen aus vielen Kriegen, Konflikten und Katastrophen haben gezeigt, dass Menschen, die sich zu Gruppen zusammen schließen, gemeinsam eine erheblich größere Chance zum Überleben haben. Durch die Vielfalt an Fertigkeiten, an eingebrachtem Wissen und mitgebrachten Werkzeugen zum gemeinschaftlichen Teilen und besonders durch die gegenseitige Hilfe, Pflege und Beschützung entstehen psychologische Kräfte und neue Wertigkeiten, die das persönliche Sicherheitsniveau erheblich anheben und die auch das Selbstvertrauen in eine gesicherte Zukunft erhöhen.

Haben Sie in und nach der Katastrophe ein gesundes Vertrauen, aber auch genügend Misstrauen zu Ihren Mitmenschen, die wie Sie ums nackte Überleben kämpfen müssen und haben Sie die Zuversicht, dass alle Schwierigkeiten und Hindernisse gemeinsam beseitigt werden können.

Mit meinen Tipps und Ratschlägen allein können Sie nicht überleben, entscheidend sind Ihr eigener Wille und Ihre eigenen Handlungen, vor der Katastrophe und erst recht nach der Katastrophe. Deshalb:

Vermeiden Sie Panik, bleiben Sie gelassen und ruhig!

Verdrängen Sie Furcht durch Selbstvertrauen!

Teilen Sie Kräfte und Vorräte vorausschauend ein!

Beherrschen Sie die Situation, nicht umgekehrt!

Geben Sie nie den Überlebenswillen auf!

Improvisation ist alles und handeln Sie unverzüglich!

Trinkwasser herstellen

Die Herstellung von Wasser ist theoretisch relativ einfach. Sie müssen nur ein Sauerstoffatom mit jeweils zwei Wasserstoffatomen verbinden, dann haben Sie H_2O. Aber das Ganze ist leider hochexplosiv, wenn Sie mit Wasserstoffgas und Sauerstoffgas hantieren. In der Praxis geht das natürlich nicht so einfach, denn Sie haben weder ein Labor mit Gasflaschen noch die physikalische Kenntnisse und Erfahrungen.

Sie haben meist nur schmutziges Wasser von irgendwoher und wollen es sauber machen. Der erste Schritt ist, dass Sie Schmutz und Schwebstoffe ausfiltern. Bauen Sie sich deshalb einen Wasserfilter, das können Sie mit einer großen Konservendose oder einem anderen Gefäß. Machen Sie seitlich oberhalb des Bodens ein Loch, füllen Sie die Dose oder das Gefäß schichtweise wie folgt:

Kieselsteine,

darauf Sand,

dann Watte oder Mullbinden,

dann Holzkohle,

eine dünne Stoffbahn etwa in Gefäßmitte,

dann wieder eine Schicht Watte oder Mullbinden,

dann Sand und

zuoberst wieder eine Schicht mit Kieselsteinen.

Durch diese Schichten lassen Sie nun das Wasser laufen, es wird dabei hervorragend gereinigt. Anschließend sollten Sie das Wasser unbedingt mindestens eine Minute kochen, damit alle Keime und Bakterien abgetötet werden.

Frisches Regenwasser ist in der Regel keimfrei und sofort genießbar.

Wasser aus ungeöffneten Plastikflaschen ist ebenfalls keimfrei und sofort genießbar, wenn es noch klar ist. Achten Sie aber auf den Originalverschluss, wenn Sie in der Katastrophe von Fremden Wasserflaschen kaufen bzw. eintauschen, denn in der Not wird Ihnen vielleicht unsauberes Wasser in einer gebrauchten Plastikflasche untergejubelt.

Wenn Sie Ihr gefiltertes Wasser nicht abkochen können, aber täglich mindestens fünf Stunden intensive Sonnenbestrahlung haben, dann können Sie auch das SODIS-Verfahren anwenden (Abkürzung für Solar Water Disinfection). Das ist ein Verfahren zur Wasserentkeimung durch die UV-A-Strahlung im Sonnenlicht, empfohlen von der UNO. Bei genügend langer Bestrahlung von Plastikflaschen werden Krankheitserreger weitgehend (!) abgetötet. Bei Temperaturen über 50 °C ist sogar ein starker Synergie-Effekt von Strahlung und Wärme beobachtbar, welcher die Effizienz von SODIS weiter steigert. Sie brauchen dazu lediglich eine leere PET-Getränkeflasche, also so eine leere Discounter-Plastikflasche, die sollte nicht größer als 1,5 Liter sein. Hier füllen Sie das gefilterte Wasser ein und lassen diese Flasche etwa fünf Stunden in der prallen Sonne liegen. PET-Flaschen sind im Gegensatz zu Glasflaschen nämlich für UV-Licht durchlässig.

Es gibt auch diverse Methoden, mittels Stoff- oder Plastikbahnen Tauwasser aufzufangen. Hier in Mitteleuropa ist das aber sehr selten anwendbar und durch die vielen Quellen und Bäche eigentlich auch kaum erforderlich.

Sauberes Wasser ist in der Not sehr kostbar und ist wichtiger als Essen. Unsauberes, verseuchtes, mit Keimen und Bakterien befallenes Wasser erzeugt hingegen lebensbedrohende Krankheiten wie Cholera, Typhus und Ruhr. Diese Seuchenkrankheiten sind in einer funktionierenden Infrastruktur mit Arztpraxen, Krankenhäusern und Apotheken relativ leicht heilbar, verlaufen im Katastrophenfall aber zwischen 20 bis 70 Prozent tödlich.

Nachfolgend einige Details zu diesen Hygiene-Krankheiten; die grundlegende Vorbeugung sind Hygienemaßnahmen wie etwa Sauberkeit bei der Trinkwasser- und Nahrungszubereitung, regelmäßige Händedesinfektion und sichere Fäkalienbeseitigung.

Cholera ist eine schwere bakterielle Infektionskrankheit vorwiegend des Dünndarms. Die Infektion erfolgt zumeist über verunreinigtes Trinkwasser oder infizierte Nahrung. Die Bakterien können extremen Durchfall und starkes Erbrechen verursachen, die Betroffenen verdursten langfristig. Die wichtigste Behandlungsmaßnahme ist die ausreichende Gabe von Flüssigkeit, Zucker und Salzen.

Die **Bakterienruhr** ist eine schwere bakterielle Infektionskrankheit vorwiegend des Dickdarms. Die Infektion erfolgt zumeist über verunreinigtes Trinkwasser oder infizierte Nahrung. Die Therapie besteht aus einer Verbesserung der Immunabwehr des Patienten, Gabe von Wasser und Elektrolyten sowie Antibiotika (Chinolone oder Ampicillin intravenös).

Die **Amöbenruhr** ist ebenfalls eine schwere Infektion des Dickdarms. In den Dickdarm gelangen die Erreger meistens als Zysten durch orale Aufnahme von verunreinigtem Wasser, von ungewaschenem Obst oder Gemüse. Die Amöbenruhr ist eine Infektionskrankheit, die sich durch blutigen und schleimigen Kot verbunden mit Durchfall, Bauchschmerzen, Fieber (teilweise hoch) und Krämpfen nach einer Ansteckungszeit von ein bis sieben Tagen bemerkbar macht. Bei starker Erkrankung können 40–50 Stuhlentleerungen pro Tag vorkommen, wobei in dieser Phase durch heftige und schmerzhafte Krämpfe fast nur noch Schleim ausgeschieden wird. Die Amöbenruhr wird sehr erfolgreich mit verschiedenen Antibiotika (Metronidazol, Tetrazykline) sowie Chloroquin behandelt.

Typhus ist eine bakterielle Infektionskrankheit mit stufenförmigen Fieberanstieg, Bauchschmerzen, Darmverstopfung und einen langsamen Herzschlag. Unbehandelt kann die Krankheit sehr gefährlich verlaufen und mit sehr hoher Wahrscheinlichkeit zum Tode führen. Ursachen sind auch hier verunreinigte Nahrungsmittel oder verschmutztes Wasser. Die Therapie der Typhusinfektion erfolgt mit Antibiotika

(Ampicillin, Azithromycin, Cefixim, Ceftriaxon, Chloramphenicol, Ciprofloxacin, Cotrimoxazol oder Ofloxacin).

Insgesamt sind diese bakteriellen Infektionskrankheiten immer lebensgefährlich und zumeist ohne Antibiotika nicht heilbar. Da die Körperausscheidungen ansteckend sind, ist es in der Katastrophensituation lebenswichtig, auf Hygiene und sauberes Trinkwasser zu achten. Verzichten Sie deshalb auf jeden unbedachten Schluck aus einer vermeintlich sauberen Wasserquelle. Filtern Sie lieber dreckiges Wasser und kochen es anschließend einige Minuten (das ist zwar danach weiterhin noch ein bisschen dreckig, aber immerhin keimfrei), als dass Sie arglos aus einem vermeintlich sauberen Bach oder Fluss glasklares Wasser ungekocht trinken, während unbemerkt am Oberlauf seit Tagen eine menschliche oder tierische Leiche im Wasser liegt oder bakteriell belasteter Kot darin entsorgt wurde.

Tipp: wenn Sie die Möglichkeit haben, Antibiotika als Vorsorge zu erhalten, dann nutzen Sie dies und lagern es ein, beachten Sie aber die Haltbarkeitsdauer und den Beipackzettel.

Wohnung sichern

Angenommen, Sie haben keine funktionierende Fenster, dann müssen Sie sich klimatisch und sicherheitstechnisch absichern. Benutzen Sie Plastikfolien, Müllsäcke, Stoffbahnen oder Bettlaken. Ihrer Fantasie sind keine Grenzen gesetzt, Sie können auch Ihre Schränke zerlegen und mit den Rückwandplatten und Plastikfolien zerborstenes Fensterglas ersetzen, das hält ein paar Wochen auch gegen Regenwasser. Zumindest wird es etwas behaglicher, wenn es nicht voll hereinregnet oder hereinschneit. Hängen Sie noch etwas Geräuschvolles davor und Sie haben einen Einbruchwarndienst. Wenn möglich, bilden Sie mit den Nachbarn einen Wachdienst, versuchen Sie wenigstens das Gebäude einigermaßen vor Witterung, Einbruch und Raub zu schützen. Wenn Sie in der Nähe eines Tierparks/Zoo leben, rechnen Sie mit dem Schlimmsten. Denn diese entkommenen Gorillas, Tiger oder Hyänen haben auch Hunger. Schieben Sie zusätzlich Schränke vor Tür- oder Fensteröffnungen und nutzen Sie die Regalbretter zum Zunageln, wenn Sie einen Hammer und ein paar lange Nägel vorrätig haben. Schrankteile können Sie auch zum Feuermachen verwenden. Manche Tische haben Verlängerungsplatten, die sind auch verwendbar. Auch Laminatbodenbeläge oder PVC-Bodenbeläge sind für viele Zwecke nutzbar.

Tipp: eine gut sortierte Werkzeugkiste mit Schrauben, Nägeln und Klebebändern sollte im Haushalt eigentlich nie fehlen.

Feuer machen

Angenommen, Sie leben im siebten Stock in einer Großstadt. In der ersten Woche können Sie beispielsweise noch mit dem Gaskocher aus meiner Katastrophen-Vorratskiste Ihr vorhandenes Küchensortiment kochen, in der zweiten und dritten Woche leben Sie aber bereits von den Notrationen aus der Katastrophen-Vorratskiste. Aber ab der vierten Woche müssen Sie sich Nahrung beschaffen und braten oder kochen, eventuell auch Wasser abkochen, da die Micropur-Wasserentkeimungstabletten vielleicht aufgebraucht sind. Jetzt müssen Sie ein offenes Feuer machen. Aber wo und wie?

Auch wenn jungen Leuten heutzutage Feuerzeuge oder Zündhölzer in die Hand gedrückt werden, so ist nur noch jede bzw. jeder Zweite damit in der Lage, ein brauchbares, dauerhaftes Feuer zu machen. Durch die moderne Heiztechnik und zunehmende Verstädterung fehlen grundlegende physikalische Kenntnisse und Lebenserfahrungen. Deshalb hier ein paar grundsätzliche Hinweise zum Feuermachen, auch wenn ältere Menschen nun vielleicht dankend abwinken und mich milde belächeln.

Sie brauchen dringend Dolche, Messer, Sägen, Äxte Beile. Denn Sie müssen sich rechtzeitig gutes Holz vom Wohnzimmerschrank, aus dem Wald, vom Straßenbegleitgrün, aus den Stadtparks oder Innenhofgartenanlagen besorgen und zerteilen können.

Tipp: Wenn Sie noch keine Axt und Fuchs-schwanz-Säge haben, kaufen Sie die im Baumarkt und lagern diese im Keller neben Ihrer Katastrophen-Vorratskiste ein.

Haben Sie keine Hemmungen, Büsche, Baumäste oder sogar Bäume zu zerlegen. In einer Katastrophe gelten keine Umweltschutzgesetze oder Eigentums-rechte an Büschen oder Bäumen, Ihr eigenes Leben ist höherwertiger als so ein Stadtpark oder der Busch von Nachbarn, der seit zwei Wochen angeblich verreist ist! Wenn aber der Stadtpark weitgehend geplündert ist und der Winter anbricht, zögern Sie nicht, aufs Land in einen Wald zu flüchten, denn dann beginnt das große Verhungern und Erfrieren in der Großstadt.

Sammeln Sie wirklich alles vorher, was Sie zum Feuermachen und Feuerunterhalten benötigen, nicht erst dann, wenn die ersten Flammen bereits lodern und Sie in hektisches Sammeln und Zerkleinern ausbrechen müssten.

Vergewissern Sie sich auch vorher, woher der Wind weht, wohin eventuelle glühende Funken fliegen und wohin der Rauch abziehen soll. Bedenken Sie im Winter auch, dass durch die Wärme der Schnee auf den Bäumen über Ihrem Feuer schmilzt und die herabfal-lenden Schneemassen Ihr Feuer wieder verlöschen können.

Feuer benötigt Sauerstoff, Sie aber auch. Wenn Sie innerhalb geschlossener Räume Feuer machen müssen, sorgen Sie für ausreichende Sauerstoffzufuhr, sonst geht das Feuer irgendwann aus und Ihr Lebenslicht erlischt ebenfalls wegen Sauerstoffmangel, Rauch- und Kohlenmonoxidvergiftung.

Feuer benötigt einen sauberen, festen und nicht brennbaren Untergrund. Bei Schnee- oder Eisboden muss der Untergrund entweder freigeräumt werden oder provisorisch mit Steinplatten, Holzstämmen oder Eisenstäbe ersetzt werden.

Offenes Feuer sollte möglichst immer im Freien gemacht werden. Auch wenn Sie im siebten Stock wohnen und keinen Balkon haben, gehen Sie zum Kochen oder Braten besser runter ins Freie, in den Innenhof.

Wenn Sie aber witterungsbedingt oder aus anderen Gründen doch in der Wohnung ein offenes Feuer machen müssen, aber keinen Ofen mit Kamin oder einen Gartengrill haben, bauen Sie sich eine Feuerstelle. Legen Sie eine Rigipsplatte oder ein mit Wasser gefülltes Backblech auf den Boden, darauf vier Ziegel oder Steine und darauf legen Sie mehrere Gipsplatten oder ein zweites Backblech aus dem Küchenherd. Starten Sie dann das Feuer auf den oberen Gipsplatten oder dem oberen Backblech. Sowohl bei Beton- oder Estrichboden als auch bei Holzboden ist das problemlos möglich, denn die meiste Hitze eines Feuers geht nach oben. Natürlich wird das Wasser im unteren Blech oder die untere Gipsplatte heiß, aber durch die Luftkühlung zwischen den Ebenen wird wenig Hitze über die Ziegel oder Steine auf den Boden übertragen. Bei solchen Feuerstellen im Wohnbereich ist es immer gut, daneben einen Eimer mit Löschwasser, Löschsand oder eine

Löschdecke zu haben. Natürlich wird der Raum verrußen, verdrecken und nach Rauch stinken, aber wir leben in einer Katastrophenwohnung, da ist vieles erlaubt, was normalerweise verboten ist.

Bedenken Sie vorher, wozu Sie Feuer machen. Wenn Sie einen Raum wärmen möchten, brauchen Sie einen geschlossenen Raum mit Sauerstoffzufuhr und Rauchabzug. Wenn Sie sich im Freien mit Feuer wärmen möchten, machen Sie keinen riesigen Scheiterhaufen wie zur Mittsommersonnenwende oder zur Hexenverbrennung, sondern lieber drei kleine Feuer im Dreieck. Sie legen oder setzen sich dann in die Mitte und haben einigermaßen kuschelige Wärme von allen drei Seiten. Noch besser ist eine Abschirmung neben dem Feuer, die möglichst Wärme zurückstrahlt wie zum Beispiel eine Felswand, eine Mauer, Holz- oder Gipsplatten, notfalls auch eine Decke oder Zeltplane. Wenn Sie dagegen etwas kochen oder braten wollen, brauchen Sie ein kleines Feuer für begrenzte Zeit, mit einer Einfassung aus Steinen oder Holzstämmen, um die Wärme zu konzentrieren und um eine Aufstellmöglichkeit für das Kochgeschirr zu haben.

Fangen Sie beim Zündeln mit kleinen Dingen an wie zum Beispiel mit trockenem Moos, zerknülltem Papier, Pappkartonstreifen, trockene Zweiglein, Laub oder getrocknetem Gras. Geben Sie dann erste kleine Holzspäne oder Zweige hinzu. Wenn diese erkennbar brennen, gehen Sie zu größeren Brennholzteilen oder Zweigen über und so weiter. Erst wenn große Holzstücke brennen und glühen, können Sie auch Kohle auflegen, falls Sie welche zur Hand haben. Sie sehen, Sie brauchen zum Feuermachen sehr viele unterschiedliche Materialien, die Sie sich vorher herrichten sollten.

Tipp: Kaufen Sie sich im Baumarkt doch so eine 10 kg-Packung Kohlebriketts für 4 Euro, die können Sie bedenkenlos im Keller jahrzehntelang lagern und diese Packung ist in der Not vielleicht für zehn Tage hilfreich.

Wenn Sie mit dem Brennholz nicht sparen müssen, legen Sie vor dem Einschlafen noch ein paar Holzscheite auf, dann haben Sie am nächsten Morgen noch genügend Glut, um ohne kostbare Zündmittel das Feuer wieder neu zu starten.

Feuer löschen ist relativ einfach, entweder sehr lange warten oder mit Sand, Wasser oder einer nicht brennbaren Decke ersticken. Nicht brennbare Decken sind aus Baumwolle, Leinen oder Wolle. Brennbare Decken hingegen sind aus Kunststoffen wie z.B. Fleecedecken.

Feuer ist teilbar! Wenn also andere Überlebende Sie um Feuer bitten, dann können Sie das problemlos weiterreichen, z.B. mit einer Glut in einer leeren Konservenbüchse oder mit brennenden Fackeln. In der Not gibt es keinen Grund, brennendes Feuer nicht mit anderen zu teilen. Deren Zorn wäre sonst sehr destruktiv. Achten Sie aber auf Ihre eigene Sicherheit und schützen Sie sich vor dem Raub Ihrer eigenen Brennstoffvorräte.

Feuer ist gerade nachts weithin sichtbar, insbesondere wenn die elektrischen Leuchtmittel generell ausgefallen sind. Wenn Sie unliebsame Besucher vermeiden wollen, dann kochen oder braten Sie lieber tagsüber. Wenn Sie nachts aber dennoch Wärme benötigen, heizen Sie tagsüber große Kieselsteine auf und legen diese dann nachts in Ihren Schlafsack oder unter Ihre Schlafdecke.

Auch der beste Baumbestand in einer Großstadt ist irgendwann einmal aufgebraucht, Sie sind ja nicht allein, machen Sie sich deshalb frühzeitig Gedanken, woher Sie Koch- und Heizenergie bekommen können. Flüchten Sie dann lieber frühzeitig aufs Land, bevor es die große Masse machen wird.

Nahrungsmittel beschaffen

Halten Sie privat einen ausreichenden Vorrat für etwa eine Woche in der Küche (Alltag) und für zwei Wochen im Keller (Katastrophen-Vorratskiste) bereit.

Nehmen Sie aber auch Hilfsangebote von Behörden frühzeitig war und versorgen Sie sich dann sofort mit staatlichen Notrationen.

Falls noch Hamsterkäufe möglich sind, seien Sie sofort dabei. Wenn Sie schon nicht mehr zu den Ersten gehören und im Laden zum Beispiel bereits keine Lebensmittelkonserven mehr vorrätig sind, kaufen Sie andere sinnvolle Gegenstände, die zum Tauschen gegen Lebensmittel gut geeignet sind, wie Alkohol und Tabak, vergessen Sie nicht Zündhölzer, Feuerzeuge und Zigarettenpapier. Auch Hygieneartikel wie Toiletten-papier, Pappteller, Plastikbecher, Waschmittel und Seifen können später einmal gefragt und gut eintauschbar sein.

Scheuen Sie sich in einer länger andauernden Katastrophe nicht, bei Plünderungen von Discounter-Läden nur blöd daneben zu stehen. Wenn Sie den Eindruck haben, dass Ihr Überleben davon entscheidend abhängig sein wird, prüfen Sie, ob nun der „Mundraub-Paragraph" 248a des Bürgerlichen Gesetzbuches (Diebstahl und Unterschlagung geringwertiger Sachen) gilt. Aber auch hier gilt, nehmen Sie nur sinnvolle Produkte mit. Sie wollen sich ja nicht bereichern mit einer Kaffeemaschine, einem Computer oder Steaks bzw.

Fischfilets aus dem Gefrier- oder Kühlfach, wenn es eh keinen Strom mehr gibt! Nehmen Sie besser Konserven aller Art, ob Ananas oder Rotwurst, ob Sauerkraut oder Pumpernickel, ob Pichelsteiner oder Erbseneintopf. Dazu Getränke aller Art, wichtig sind aber auch Hygieneartikel und Tabakwaren.

Rechnen Sie aber auch damit, dass im Katastrophenfall der Supermarkt trotz Stromausfall und Personalmangel geordnet seine Vorräte auf Handkasse am Eingang billig verkauft oder sogar verschenkt, um einer ungeordneten Plünderung und eventuellen Gefährdung seiner Immobilie und seiner Angestellten zuvorzukommen. Sowohl Aldi, Lidl als auch Netto haben angeblich solche Notfallpläne in der Schublade, andere Discounter vielleicht auch. Unterstützen Sie solche Aktionen und fordern Sie eine gleichmäßige Verteilung an alle, denn es gibt keinen vernünftigen Grund, warum reiche oder körperlich besonders starke Menschen fürchterlich wichtig sind und mehr Konservendosen bekommen sollten als Arme und Schwache.

Die Beschaffung oder Erzeugung von pflanzlichen Nahrungsmitteln bei einer sehr lang anhaltenden Katastrophe können Sie übrigens fast vergessen, wenn Sie in einer Großstadt oder Vorstadt wohnen. Vergessen Sie Ihren Reihenhausgarten oder Ihren Schrebergarten. Sie werden es nicht verhindern können, dass Plünderer über Nacht Ihnen die Radieschen, Salate, Bohnen oder Birnen klauen. Denn in der Not wurden früher sogar schon Tulpenzwiebeln heimlich ausgegraben und gegessen!

Wenn Sie hingegen einen Balkon, eine Loggia oder noch besser eine Dachterrasse haben, deren Zugang also gut geschützt und kontrollierbar ist, dann pflanzen Sie sich Lebensmittel an, so viel Sie nur können. Ganz Schlaue hatten in und nach dem Zweiten Weltkrieg sogar Tabak angepflanzt, für den Eigenbedarf und als Tauschmittel.

Tipp: Saatgut ist jahrelang haltbar und sehr klein, lagern Sie sich deshalb für wenig Geld das notwendigste Saatgut ein. Achten Sie darauf, dass es gentechnikfrei und nicht hybrid ist, nehmen Sie Bohnen, Brokkoli, Gurken, Karotten, Kohl, Kohlrabi, Kürbis, Paprika, Rettiche, Rosenkohl, Salate, Sellerie, Sonnenblumen, Spinat, Tomaten und Zwiebeln.

Wenn zuhause nichts geerntet werden kann, müssen Sie in die Natur. Gerade wildwachsende Pflanzen sind hochwertige Nahrungsmittel mit Vitaminen und mineralischen Spurenelementen.

Alle pflanzlichen Nahrungsmittel, die von Nagetieren wie Mäusen, Ratten, Kaninchen oder Eichhörnchen vertragen werden, sind gewöhnlich auch für den Menschen verträglich.

Wenn möglich, sollten Sie die gesammelte pflanzliche Nahrung aus der Natur immer vorher waschen und kochen, um Giftstoffe zu eliminieren. Das gilt aber leider nicht für Pilze.

Pilze meiden Sie, wenn möglich. Insbesondere wenn Sie keine Pilzkenntnisse haben, lassen Sie die Pilze lieber stehen. Der Nährwert ist außerdem sehr gering, die Schadstoffbelastung mit Schwermetallen und Radio-aktivität dagegen ist auch ohne Katastrophe bereits jetzt schon sehr hoch.

Nicht alles an den Pflanzen ist essbar, sondern oft nur Teile davon wie Blüten, Früchte, Knospen, Nüsse, Rinden, Samen, Stängel, Wurzeln oder Zwiebeln.

Zwiebeln der der echten Lilie, der Tulpe und der Narzisse sind essbar.

Ebenfalls essbar sind junge Brennnesseln, Feldsalat, Huflattich, Kresse, Löwenzahnblätter und Sauerampfer.

Auch Waldbeeren und Waldfrüchte wie Blaubeeren, Brombeeren, Erdbeeren, Heidelbeeren, Himbeeren, Holzäpfel, Holzbirnen und Preiselbeeren sind verzehrbar und haben besonderen Nährwert.

Körner und Samen von Wildgräsern sollten vorher geröstet oder gekocht werden.

Die Wurzelstöcke und die jungen, noch gerollten Wedel des Farnkrauts sind gekocht oder gebraten essbar.

Kastanien ergeben geschält, gemahlen und geröstet einen guten Mehlersatz. Esskastanien, die Sie vom Weihnachtsmarkt her kennen, wären natürlich noch besser, wachsen aber leider nördlich der Alpen nicht. Dort gibt es dafür Bucheckern und als essbare Nüsse Haselnüsse und Walnüsse.

Wacholderbeeren, Klatschmohnsamen und frei gewachsener Samen des Kümmels sind ebenfalls essbar.

Das Fleisch von gefrorenen Schlehen und der roten Äpfelchen des Weißdorns sind ebenfalls verträglich.

Junge Spitzen von Tannen oder Kiefern sind roh essbar.

Die dünne grüne Außenrinde sowie die innerste weiße Rinde von Buchen, Espen, Kiefern und Pappeln kann frisch, getrocknet oder gekocht verzehrt werden. Auch Mehl kann daraus hergestellt werden.

Trocknen Sie die Kiefernzapfen oder Tannenzapfen über dem Feuer und essen Sie die gelösten Samen, Sie schmecken wie Nüsse.

Eicheln können Sie kochen, damit wird das bittere Tannin zerstört, die getrocknete Masse können Sie als Mehlersatz verwenden.

Wenn Sie am Meer wohnen, können Sie auch Algen essen. Sie sind reich an Mineralstoffen, Jod und Vitaminen. Gut waschen, an der Sonnen trocken und zerbröselt über andere Speisen als Beilage streuen.

Natürlich könnten Sie im Garten Kartoffeln pflanzen, da hätten Sie im Herbst sicher eine gute Ernte. Aber Kartoffeln erkennt jeder durch die Blätter an der Oberfläche, da müssen Sie sich vor Plünderern gut schützen.

Besser als Kartoffeln sind jedoch Topinambur, auch aus Amerika, im Gegensatz zur Kartoffel aber frostbeständig und diese Stängel an der Oberfläche sind wie Unkraut, die kennt niemand. Die Knollen können im Frostboden überleben, ausgegraben müssen diese aber sofort frostfrei gehalten und bald verzehrt werden. Topinambur kann sowohl gekocht als auch zur Not roh verzehrt werden, hat eine leichte abführende Wirkung, ist aber ein sehr guter Nahrungsersatz für Kartoffeln. Wenn Sie Topinambur in Ihrem Garten anpflanzen, werden Sie diese Pflanze nicht mehr los. Es genügt nur ein wenige Millimeter großer Wurzelrest und die Pflanze wird wieder aktiv und bildet essbare Knollen.

Nun kommen wir zu den tierischen Nahrungsmitteln, die überwiegend Proteine und Fette liefern.

Für den Europäer ungewohnte tierische Nahrungsquellen sind Heuschrecken, Larven, Raupen, Insektenverpuppungen, Ameiseneier, Frösche und Schlangen. Kröten sollten Sie aber meiden.

Essbar sind auch Vogeleier, Weinbergschnecken, Krebse und Eidechsenschwänze.

Es schadet nie, alles Fleisch vorher gründlich zu kochen, wenn dazu die Möglichkeit besteht.

Überlegen Sie, welche Tiere in der Umgebung leben und essbar sind. Der Hunger zwingt es runter, egal ob Rabe, Katze, Igel, Schwan, Fisch, Kaninchen, Fuchs oder Eichkätzchen. Meiden Sie aber definitiv den Kontakt mit deren Ungeziefer im Fell oder Federkleid.

Meiden Sie aber auch Wildschweine wegen der hohen Schadstoffbelastung, denn diese Tiere fressen leider jeden hochbelasteten Waldmüll und Pilze.

Hunde sind nützliche Alarm- und Schutztiere. Wenn Sie einen Hund haben oder Ihnen in der Katastrophenzeit ein Hund zuläuft, füttern Sie ihn mit durch, denn damit ist Ihnen mehr gedient als wenn Sie den Hund essen. Hundefleisch erzeugt angeblich leichte Fieberzustände und wird in Asien nur aus medizinischen, nicht aus kulinarischen Gründen verzehrt.

Wenn Sie Lehm zur Verfügung haben, können Sie zum Beispiel den Vogel, das Kaninchen, den Fisch oder den Igel öffnen, die Innereien herausnehmen, den Innenraum pfeffern und salzen, dann mit einem sauberen Stein befüllen und das Tier außen mit einer dicken Lehmschicht umschließen. Anschließend kommt dann diese Lehmkugel in die Feuersglut, möglichst von allen Seiten umgeben von Glut. Wenn die Lehmkruste steinhart geworden ist, wird die Kugel aus dem Feuer genommen, zerschlagen und das im eigenen Saft gebratene Fleisch kann verzehrt werden. Sowohl Federn, Schuppen als auch Stacheln bleiben in der Lehmkruste und lösen sich leicht vom Fleisch.

Informieren Sie sich frühzeitig, wie Sie ein Tier fangen und töten können. Noch wichtiger: informieren Sie sich frühzeitig eingehend, wie Sie ein totes Tier auch zerlegen und die Innereien ausnehmen, ohne dass Sie die Galle zerstören und alles Fleisch dadurch ungenießbar würde.

Tipp: Legen Sie alle Hemmungen und moralische Bedenken ab und informieren Sie sich besser vorher, denn wenn Sie am Verhungern sind, werden Sie alles richtig machen müssen.

Vorrat anlegen

Sie denken sich, was der Autor da schreibt, ist doch alles Panikmache und legen das Buch zur Seite und lesen es erst weiter, wenn irgendwann eine Katastrophe eingetreten ist? Mit hoher Wahrscheinlichkeit werden Sie dann aber eher zu den plündernden und raubenden Banden gehören, weil Sie keine Alternative mehr kannten oder entwickeln konnten.

Oder Sie denken sich, was der Autor da schreibt, ist ja richtig und man sollte da schon mal irgendwie was vorsorgen, man weiß ja nie? Müssen Sie deshalb gleich das ganze Buch lesen? Nein, denken Sie sich, das geht doch einfacher! Deshalb schauen Sie ins Internet und wollen sich eine Katastrophen-Vorratskiste bestellen, so mal für alle Fälle, wegen den Kindern oder wegen Ihrer Lebenspartnerin bzw. wegen Ihres Lebenspartners!

Aber nach vielen Stunden im Internet werden Sie frustriert feststellen, dass alles sehr verworren ist, nur Einzelprodukte angeboten werden, meist zu überhöhten Preisen, da Sie die selben Produkte im Kaufhaus, im Supermarkt oder in der Apotheke erheblich billiger bekommen würden, nichts ist im Internet ganzheitlich durchdacht. Immer haben Sie das Gefühl, es fehlt noch etwas, Sie stellen einfach fest, es gibt so eine Katastrophen-Vorratskiste ja gar nicht zu kaufen. Sogar der Inhalt ist geheim oder noch nicht durchdacht oder ist vielleicht noch nie veröffentlicht worden?

Diese Geschäftsidee funktioniert deshalb nicht, weil der Inhalt so einer Katastrophen-Vorratskiste so banal ist, die würde sich jede oder jeder aus Kostengründen dann lieber selber zusammenstellen. Mit dem Verkauf von Katastrophen-Vorratskisten kann man also kein Geld verdienen, weder über den Ladentisch noch übers Internet. Aber mit der Inhaltsliste kann man etwas Geld verdienen, deshalb habe ich dieses Buch geschrieben.

Aber Spaß beiseite, wenn Sie bedenken, dass der durchschnittliche Haushalt sowieso eine Unmenge an Gegenständen und Nahrungsmittel vorrätig hat, dann entstehen ganz andere Wertigkeiten für eine solche Katastrophen-Vorratskiste. Dinge wie Messer, Büchsenöffner, Nagelschere, Batterien, Werkzeuge, Nudelpackungen, Mehl, Reis, Salz, Zucker, Kaffee, Tee, Kerzen, Gemüse- und Obstkonserven stehen in einem normalen Haushalt eh zur Verfügung. Jeder hat auch eine Reserve an Toilettenpapier, Seife, Fischbüchsen, Wein oder Säfte.

Die normale Haushaltsreserve bietet also schon eine Überlebenschance für mindestens eine Woche. Es geht hier nicht um eine Woche im Luxus, sondern um eine Woche Überleben, also das Nichtverhungern. Im Zuge der Nachbarschaftshilfe können Mängel an einzelnen Dingen durch Tauschhandel mit anderen Dingen auch ausgeglichen werden. Klopapier gegen Kerzen, Reis gegen Mehl, Tabak gegen Alkohol.

Hier meine Liste, die zwar subjektiv geprägt ist, aber immerhin viele Dinge weglässt, weil sie anderweitig vorhanden sind; aufgrund eigener Erfahrung müssen Sie allerdings mit fast 300 Euro (Kostenstand 2014) rechnen. Natürlich bleibt es Ihnen selbst überlassen, die Liste nach Ihren persönlichen Wertigkeiten nachzubessern oder zu reduzieren.

Katastrophen-Vorratskiste für 14 Tage und eine Person!

An-zahl	Gegenstand	Haltbar-keit in a
1	Plastikbox mit Deckel	30
14	Notration NRG-5 á 2300 kcal	10
1	Packung Micropur 100	10
2	Wasserkanister, faltbar á 15 Liter	30
100	Plastikteller	30
50	Plastikbecher	30
100	Plastiklöffel	30
100	Plastikgabeln	30
100	Plastikmesser	30
30	Müllbeutel á 25 Liter	30
10	Toilettenpapierrollen	10
100	Teelichter	10

20	Streichholzschachteln	10
1	Gaskocher mit 2 Gaskartuschen	15
2	Tabakdosen 100 g	20
16	Zigarettenpapier á 50 Blatt	5
1	Whiskeyflasche á 0,7 Liter	30
3	Feuerzeuge	20
1	KFZ-Verbandskasten	10
1	Staubmasken-Set mit 2 Masken	10
1	Seife	30
1	Haushaltshandschuhe á 100 St.	20
1	Betaisodona (Wunddesinfektion)	3
1	Paracetamol (Schmerzen/Fieber)	5
1	Kohle-Compretten (Durchfall)	5
1	Voltaren (Schmerzgel) 60 g	3
1	Radio mit Licht und Handkurbel	10
2	Pfefferspray (Selbstverteidigung)	5

Nachstehend meine Argumente für solch einen vermeintlich abstrusen Inhalt:

Eine robuste **Plastikbox** sollte es schon sein mit mindestens 60 Liter Fassungsvermögen, die groß genug ist und aber auch so verschließbar, dass keine Kellermäuse oder Insekten einfach hinein können. Billige Umzugskisten aus Pappkarton sind denkbar ungeeignet, denn sie vertragen keine Feuchtigkeit, insbesondere keinen nassen Kellerboden. So eine Plastikbox stellt man sich in den Keller und da steht sie auch mindestens dreißig Jahre oder noch mehr. Eine Kontrollnachschau pro Jahr genügt. Mit einem dicken wasserunlöslichen Filzstift kann auf jede Packung auch eine Jahreszahl für die Haltbarkeitsdauer geschrieben werden, denn die Gegenstände in der Box haben unterschiedliche Haltbarkeitsdauern und sollten hin und wieder erneuert werden. Die kleingedruckten Haltbarkeitsdauern sind oft nach Jahren nicht mehr lesbar, nicht auffindbar oder waren eh nie auf der Packung vorhanden. Die von mir angegebenen Haltbarkeitsdauern sind nur Richtwerte und können je nach Produkt und Kelleratmosphäre auch abweichen. In der Praxis können manche Dinge in einem sehr trockenen, aber gleichbleibend kühlen Keller doppelt so lange halten als in einem feuchten Keller mit hohen jahreszeitlich bedingten Temperaturschwankungen. Kostenpunkt für eine gute Box: ca. 30 Euro.

Weltweit werden von staatlichen und privaten Hilfsorganisationen (z. B. Action Contre La Faim, CARE, German Agro Action, Medecins Sans Frontieres, Rotes Kreuz, UNICEF und UNHCR) seit Jahrzehnten **NRG-5** aus Deutschland (MSI GmbH) in Katastrophengebieten eingesetzt. Diese luft- und wasserdicht verpackten Weizenriegel enthalten sämtliche für den Menschen erforderlichen Nahrungsstoffe. Auch Expeditionen und entlegene Forschungsstationen verwenden diese Mittel als Notrationen, denn sie sind vom Inhalt, Gewicht und Kaloriengehalt optimiert und gut verpackt, mehr geht einfach nicht. Eine Tagespackung enthält 2300 kcal und besteht aus neun Riegeln. Geschmacklich leicht süß mit fettigem Abgang, anfangs staubtrocken und zunehmend leicht bröselig. Auch für Kleinkinder älter als sechs Monate geeignet (vorher wird eh gestillt). Immer dazu etwas Wasser trinken. Die Riegel können auch mit Wasser zu Brei vermischt werden. Die offizielle Haltbarkeit ist zehn Jahre, die inoffizielle ist mindestens 25 Jahre.

Tipp: nach zehn Jahren einfach eine neue Kiste mit 14 Einzelpackungen nachbestellen und die alte sicherheitshalber behalten, für alle Fälle.

Kostenpunkt Einzelpackung: ca. 5 Euro, bei 14 Stück immerhin also 70 Euro, der finanziell aufwendigste Inhalt der Kiste. Lassen Sie sich von diversen Zwischenhändler-Anbietern im Internet nicht über den Tisch ziehen, die Einzelpackung kostete 2014 wirklich nur ca. 5 Euro, nicht 7 oder 8 Euro. Konservendosen vom Discounter sind zwar erheblich billiger, Sie müssten diese aber im Laufe von zehn Jahren etwa fünfmal einkaufen wegen der geringen Haltbarkeitsdauer von zumeist nur zwei Jahren. Ehrlich, dazu fehlt mir doch einfach die Disziplin.

Falls das Trinkwasser ausfällt und von den Behörden doch kein Ersatz geliefert werden kann (*Tipp: es gibt nämlich Notbrunnen der Zivilschutzbehörden; wissen Sie eigentlich, wo Ihr nächster Notbrunnen ist?*), dann muss man sich selbst Wasser besorgen, sei es von der Dachrinne bei Regen, aus Schnee, aus Bächen oder Flüssen oder Seen. Da der Mensch grob gerechnet ohne Luft nur drei Minuten, ohne Wasser nur drei Tage und ohne Nahrung nur drei Wochen überleben kann, ist Wasser also ein relativ lebensnotwendiger und wichtiger Stoff, wichtiger als Nahrung. Abgesehen von der Hygiene brauchen wir täglich mindestens zwei Liter Trinkwasser, möglichst sauber und keimfrei. Hierfür gibt es die **Micropur-Tabletten**, die im Wasser aufgelöst nach einigen Stunden sämtliche Keime abtöten. Kostenpunkt: 15 Euro für eine Packung mit 100 Stück, geeignet für 100 Liter Wasser.

Tipp: stellen Sie sich zusätzlich ein paar von diesen schweren 1,5-Liter-Wasserflaschen-Sixpacks aus dem Discounterladen in den Keller, möglichst gemischt, welche mit viel Kohlensäure wegen der Haltbarkeit nach dem Öffnen und welche ohne Kohlensäure zum Kochen oder Backen. Die werden Sie in 10 Jahren zur Not noch benutzen können. Und sie kosten nur Cent-Beträge!

Sie haben nichts mehr zum Trinken und müssen zum nächsten Gewässer zum Wasserholen? Das geht natürlich auch mit einem Eimer, wenn Sie einen haben. Aber wie bewahren Sie das Wasser dann zuhause auf, ohne das es schnell verkeimt? Deshalb gibt es diese faltbaren **Wasserkanister**, die sind für Transport und Aufbewahrung bestens geeignet und fassen nur 15 Liter, denn die 15 kg Gewicht können Sie in der Not noch leicht tragen. Da aus Plastik, verrotten diese Behälter mit der Zeit und könnten spröde geworden sein, deshalb sicherheitshalber spätestens nach 30 Jahren austauschen. Kostenpunkt: zweimal 6 Euro.

Ohne Wasserversorgung können Sie nicht mehr Ihr Geschirr abspülen. Aber auch wenn es noch von irgendwoher Wasser gibt, dann ist dieses Wasser meist eher zum Trinken so wichtig und wertvoll, als dass Sie es für das Geschirrspülen verschwenden sollten. Deshalb der geplante Vorrat an **Plastikmessern, -gabeln, -löffeln, -tellern und -bechern**. Das kostet nicht viel Geld und bietet für einige Zeit hygienische Essensverhältnisse. Falls Sie aber inzwischen Ihre Küchenvorräte aufgebraucht haben und sich nur noch von NRG-5 ernähren müssen, dann brauchen Sie dieses Plastik natürlich nicht mehr. Auch hier gilt, sicherheitshalber spätestens nach 30 Jahren auswechseln. den auch Plastiklöffel werden spröde. Kostenpunkt: 15 Euro.

Müllbeutel sollten nicht fehlen. Auch wenn es keine funktionierende Müllentsorgung mehr gibt, ist es besser, seinen Müll zentral zu sammeln und zentral zu lagern. Zusammen mit einem Eimer hätten Sie zur Not auch eine provisorische Toilette. Die befüllten Beutel je nach Situation im nächsten Stadtpark oder in der nächsten Kiesgrube oder auf offenem Feld lagern. Aus Rücksicht auf andere Menschen möglichst nie in einem Gewässer entsorgen, denn Trinkwasser ist kostbarer als Nahrung!

Auch hier gilt, Plastikbeutel sicherheitshalber spätestens nach 30 Jahren auswechseln. Kostenpunkt: 2 Euro.

Tipp: wenn Sie Platz haben und auch ein bisschen Geld, lagern Sie doch noch mehr Müllbeutel im Keller ein.

Toilettenpapier, am besten eine Zehnerpackung, dreilagig (auch in Katastrophenfällen sollte ein bisschen Luxus sein), gehört in die Sammlung. Kostenpunkt: 4 Euro. Natürlich gibt es auch Alternativen mit Tempotaschentüchern oder Zeitungen. Nur werden in Katastrophenzeiten keine Zeitungen mehr ausgeliefert und Tempotaschentücher sind zu dünn und weich für das Geschäft, Sie bräuchten außerdem Unmengen davon.

Tipp: wenn Sie Platz haben und auch ein bisschen Geld, lagern Sie doch noch mehr Toilettenpapier im Keller ein und verbrauchen Sie den Bestand dann in zehn Jahren, Sie können ja wieder frisch nachkaufen.

Andere Ratgeber empfehlen Kerzen, ich aber empfehle 100 **Teelichter**, weil kostengünstiger, platzsparender und besser lagerbar. Achtung: in der Box immer waagrecht lagern, das Wachs fließt sonst über die Jahre ganz langsam aus den Blechdöschen. Außerdem sind im Haushalt statistisch betrachtet eh immer einige Kerzen vorrätig. Trotz alledem wäre der Austausch der Teelichter vielleicht nach zehn Jahren sinnvoll, die alten kann man ja dann mal verbrauchen beim Sommerfest, im Garten, auf dem Balkon oder sonst wie. Kostenpunkt: 5 Euro.

Streichholzschachteln kosten nur Cent-Beträge, sind lange haltbar (mindestens zehn Jahre im Keller) und zum Feuermachen sehr nützlich. Als Alternativen gibt es die Methoden aus der Steinzeit mit Stöckchen reiben oder Fred's Feuersteine. Ganz hart gesottene Überlebenskünstler bevorzugen aufgeladene Autobatterien zum Kurzschließen, mit Funkenflug ins getrocknete Waldmoos oder Heu. Lassen Sie es aber nicht soweit kommen. Streichholzschachteln sind auch ein ideales Tauschmittel mit Nikotinabhängigen in der Katastrophe, denn was nützen denen die besten Zigaretten ohne Feuer! Kostenpunkt: 20 Schachteln für nur 1 Euro.

Für die noch vorhandenen Lebensmittelreserven aus der Küche wäre so ein kleiner **Gaskocher** mit zwei oder mehr Gaskartuschen sehr nützlich. Campingfreunde und Extremwanderer kommen leicht damit zurecht, warum Sie nicht auch? Rostbedingt sicherheitshalber alle 15 Jahre auswechseln und aufbrauchen, auch die Kartuschen. Kostenpunkt etwas hoch, aber sinnvoll: 33 Euro.

Wie viel Gramm Tabak enthält eine Zigarette? Zehn Gramm oder fünf Gramm? Nein, nur ein halbes Gramm. Aus einer **Tabakdose** mit 100 Gramm Tabak können Sie somit rund 200 Zigaretten erzeugen, vorausgesetzt, Sie haben ...

Zigarettenpapier, das aber kaum etwas kostet (0,2 Cent pro Papier). Nehmen Sie sicherheitshalber doppelt so viele Blatt Zigarettenpapier wie Tabak, denn beim Zigarettendrehen geht oft was schief. Was, Sie rauchen nicht? Ja und! Von 1945 bis 1949 waren im Nachkriegsdeutschland nicht Geldmünzen oder Geldscheine das Zahlungsmittel, sondern Zigaretten. Somit schadet es nicht, als Nichtraucher etwas Tabak und Zigarettenpapier zu besitzen, wenn Sie etwas eintauschen wollen. Wenn Sie Raucher sind, dann lagern Sie halt die doppelte Menge an Tabak und Papier im Keller ein, damit auch etwas für den Eigenverbrauch übrig bleibt. Die Tabakdosen sollten Sie nach 20 Jahren verbrauchen, der Kleber des Zigarettenpapiers könnte je nach Verpackung und Luftfeuchtigkeit im Keller bereits nach fünf Jahren schwierig werden. Kostenpunkt: 28 Euro für 400 Zigaretten. Sie sehen den preislichen Unterschied zu zwei Stangen Zigaretten mit je 10 Packungen und in der Regel weniger als 400 Zigaretten!

Tipp zur Ergänzung: vielleicht kaufen Sie sich noch Zigarettenfilter und eine Zigarettenrollmaschine für ein paar Euro.

Ein weiteres Allheilmittel ist die berühmte Flasche **Whiskey**, hier genügt aber der billige Whiskey aus dem Discounter, denn es geht nicht um Geschmack und Eleganz, sondern um ein Tauschmittel, je nach medizinischem Problem sogar auch um ein Betäubungsmittel. Jedenfalls ist die Aufbewahrung von hochprozentigem Alkohol platzsparender als von niedrigprozentigem Bier oder Wein und auch im medizinisch-operativen Notfall kann der Patient mit Whiskey eher ruhig gestellt werden. Das haben wir in vielen John-Wayne-Westernfilmen ja schon gesehen. Ist notfalls sogar als Desinfektionsmittel halbwegs brauchbar. Die Haltbarkeit ist auch hier leider begrenzt durch die Metallschraubverschlüsse, die irgendwann rosten. Also nach 30 Jahren wieder neu kaufen und die alte Flasche in einer Frustnacht mit der besten Freundin oder dem besten Freund aufbrauchen, weil sie oder er zusammen mit der Flasche 30 Jahre gealtert ist. Wer mehr Fun oder Sicherheit braucht, lagert sich im Keller noch zusätzlich einige Flaschen hochprozentigen Rum oder Whiskey ein. Kostenpunkt: 7 Euro pro Flasche.

Da **Feuerzeuge** im Dreier-Set beim Discounter sehr billig sind, nehmen wir so eine Packung auch auf. Falls die Zündhölzer ja mal nass geworden sein könnten. Die Flüssiggasfüllung hält mindestens 10 Jahre vor, bis sie doch irgendwie verdunstet ist. Kostenpunkt: nicht einmal 1 Euro.

So ein **KFZ-Verbandskasten** hält einige Jahre. Natürlich haben Sie so einen Verbandskasten auch im Auto, aber wo ist Ihr Auto im Fall der Katastrophe bzw. haben Sie auf der Flucht nach Hause den Autoverbandskasten auch wirklich mitgenommen oder doch vergessen? Kostenpunkt: 5 Euro im Baumarkt. Nein, nicht 7 oder 8 Euro, es gab 2014 wirklich solche Autoverbandskästen für nur 5 Euro im Baumarkt!

Auch ein **Staubmasken-Set** sollte nicht fehlen, kostet wenig und ist bei hochbelasteter Luft mit Rauch oder Staub besser als nur ein sinnloser Mundschutz aus nassen Tüchern. Ist vielleicht nach 10 Jahren auch nicht mehr so stabil und wirksam. Kostenpunkt: 3 Euro.

Kommen wir nun zur Katastrophenapotheke. Optimal wäre natürlich eine umfangreiche Sammlung aller möglichen Medikamente gegen sämtliche Leiden, ob rezeptpflichtig oder nicht. Andererseits sind gerade die Verfallsdauern von Medikamenten sehr kurz und auch berechtigt, denn die Funktion oder Wirksamkeit lässt rapide nach und manche gealterten Medikamente werden sogar gesundheitsschädlich. Wenn Sie eine Dose Bohneneintopf mit zwei Jahren Haltbarkeit erst nach vier Jahren öffnen und dann essen, werden Sie es überleben, vielleicht sogar geschmacklich nicht einmal eine Verschlechterung merken. Bei flüssigen Medikamenten kann das aber bereits lebensgefährlich sein. Wenn Sie also für alle möglichen Fälle etwas einlagern wollten, müssten Sie erstens sehr viel Geld investieren, da Medikamente sehr teuer sind und zweitens wieder sehr viel Geld investieren, weil diese Medikamente alterungsbedingt ständig ausgewechselt werden müssten.

Tipp: wenn Sie in der Katastrophe schwer krank werden, haben Sie sowieso nur eine geringe Überlebenschance, sorgen Sie deshalb nur für die leichten Beschwerden vor, denn das ist einfach und billig.

Eine Fläschchen **Betaisodona-Lösung** zur Wunddesinfektion sollte also nicht fehlen. Kostenpunkt: unter 6 Euro.

Auch **Paracetamol** gegen Schmerzen und Fieber darf nicht fehlen. Kostenpunkt: unter 2 Euro. Aspirin (Acetylsalicylsäure) geht natürlich auch, ist aber in der Regel teurer. Wenn Sie gar nichts haben, suchen Sie sich einen Weidenbaum, schaben Sie die innere Rindenschicht ab und kochen diese in etwas Wasser. Die Flüssigkeit enthält dann der Acetylsalicylsäure verwandte Stoffe und wirkt ähnlich gegen Schmerzen und Fieber. Diese Hausrezept wussten bereits unsere Vorfahren vor Jahrhunderten.

Besorgen Sie sich **Kohle-Compretten**, denn auch und gerade in der Katastrophe könnten Sie sich eine Durchfallerkrankung oder Vergiftung holen. Kostenpunkt: unter 7 Euro. Alternativ schlucken Sie notgedrungen eine kleine Menge Aktivkohle, wenn vorhanden.

Auch **Voltaren Schmerzgel** sollte nicht fehlen, falls Sie sich beim Herumturnen in den Trümmern oder auf der Flucht vor Plünderern Gelenkbeschwerden, Prellungen, Zerrungen, Verstauchungen oder Verspannungen eingefangen haben. Kostenpunkt: etwa 7 Euro. Alternativen: nicht herumturnen, ruhig lagern.

Ein Stück **Seife** oder Kernseife klingt banal, aber manchmal hat man wirklich keine Reserve im Haushalt und notfalls kann man damit auch Wäsche waschen, von Hand natürlich. Hält angeblich ewig. Kostenpunkt: 0,4 Euro.

Haushaltshandschuhe sind auf dem ersten Blick irgendwie seltsam. Noch dazu eine Packung mit 100 Stück, also bei zwei Händen für 50-mal Benutzung. Aber für was? Wenn Sie die Hände nicht mehr waschen können, dann ergibt das schon irgendwie einen Sinn, sei es bei Wunden, Notverbänden, Babywindeln wechseln, Sanitärgeschichten oder Bestattung von Toten! Da die Haushaltshandschuhe auch aus Kunststoff bestehen, besser einen frischen Ersatz spätestens nach 20 Jahren einplanen. Kostenpunkt: 3 Euro.

Es gibt ganz tolle **Radiogeräte**, die sogar als LED-Taschenlampe verwendet werden können und das alles ohne Batterien, weil Sie die eingebauten Akkus mittels Kurbel und Solarzellen wieder aufladen können. Damit erfahren Sie, was passiert ist, ob und wann Hilfe kommt oder in welche Richtung Sie flüchten sollen. Nach 10 Jahren einmal überprüfen, denn Akkus halten leider nicht ewig. Wickeln Sie sicherheitshalber gegen den atomaren EMP Ihre Katastrophen-Radio-Schachtel in mehrere Schichten Alu-Folie ein. Kostenpunkt für ein Gerät wie z.B. Muse MH-07 DS: 28 Euro.

Pfefferspray ist offiziell nur als Selbstverteidigungs-waffe gegen wilde Tiere zugelassen und ohne Waffenschein derzeit leicht erhältlich. Im Internet werden auch Gaspistolen, Armbrüste, Elektroschocker und diverse Hieb- und Stichwaffen angeboten! Entscheiden Sie selbst, ob Sie sich für den Katastrophenfall so martialisch bewaffnen wollen! Denn im Ernstfall bei einer Katastrophe kommt zwar keine Polizei mehr, kämpfen Sie deshalb selbst mit allen Mitteln um Ihr Leben, Hab und Gut und um Ihre Freiheit. Die Selbstverteidigung ist ja grundgesetzlich erlaubt. Andererseits aber achten Sie auf die Verhältnismäßigkeit der Mittel. Bedenken Sie immer, dass Ihre Mitmenschen verzweifelt ebenfalls ums Überleben ringen, lassen Sie Milde und Güte walten, teilen Sie oder verhandeln Sie, wenn möglich, aber zeigen Sie dem Gegenüber, dass Sie Herr der Lage sind und selbstbewusst Entscheidungen treffen und sich definitiv wehren werden, wenn gewisse Grenzen überschritten werden sollten.

Behelfsgeräte und Notbekleidung

An Behelfsgeräten und Behelfsmittel haben wir nun schon einige kennengelernt: Watte, Mullbinden, Sand, Kieselsteine, Aktivkohle, Messer, Axt, Hammer, Nägel, Bretter, Schrauben, Backbleche oder Rigipsplatten. Aber nahezu alle Haushaltsgegenstände sind in der Not irgendwie hilfreich, seien es Pinzetten, Scheren, Tücher, Decken, Müllsäcke oder Möbel. Nichts ist entbehrlich, alles kann irgendwie genutzt werden, deshalb achten Sie auf Ihren Besitz, verschenken Sie nichts leichtfertig. Bedenken Sie auch, dass in der Katastrophe so gut wie nichts nachgekauft werden kann. Improvisieren Sie und geraten Sie nicht in Panik, manche Ideen kommen auch nicht sofort, sondern erst nach einigen Tagen beziehungsweise nach einigen Nächten, denn Probleme werden vom Gehirn nachts beim Schlafen oft einer Lösung zugeführt, am nächsten Morgen haben Sie dann spontan einen Einfall für ein Problem.

Notbekleidung ist heutzutage kaum mehr erforderlich, denn wir leben in einer Welt des Bekleidungsüberschusses. Benutzen Sie in der Katastrophe aber sofort die robustesten Artikel. Denn was Sie anhaben, das haben Sie sicher und lange am Leib. Was Sie aber in Ihrer Wohnung gelassen haben, kann bereits gestohlen worden sein, weil Sie nur mal kurz zum Feuerholzsuchen oder Trinkwasserschleppen weggegangen waren und nun entsetzt in Ihre geplünderte Wohnung zurückkehren.

In der Not werden Nadel und Faden sehr kostbar, sei es, um nur einen Knopf wieder anzunähen, sei es aber auch, um aus Stoffresten etwas Neues zu schaffen. Gerade im Winter müssen Sie ständig improvisieren, denn nichts ist ewig haltbar oder überhaupt vorhanden. Reißverschlüsse werden versagen, Handschuhe gehen verloren, Kopfbedeckungen werden liegen gelassen, Socken bekommen Löcher und das Schuhwerk wird auch immer maroder. In einem normalen Haushalt gibt es immer Nadel und Faden.

Gerade robuste Schuhe sind in einer Katastrophe lebenswichtig. Auch im strengsten Winter können Sie nur mit ein paar Decken oder Stoffbahnen umwickelt überleben, dass konnten vor Ihnen bereits auch die Römer und Klostermönche nördlich der Alpen. Aber ohne schützende Schuhsohlen verletzen Sie sich die Fußsohlen durch Glassplitter, Dornen und Holzsplitter. Den Schutz vor Kälte können Sie sich zwar mit mehr-lagigen Socken, Strümpfen oder Fußlumpen erschaffen. Aber die Durchtrittsicherheit von Schuhsohlen können Sie sich nicht so leicht verschaffen, denn die heutigen handelsüblichen Schuhsohlen sind zu weich und zu dünn für Katastrophenszenarien. In der Katastrophe ziehen Sie sich deshalb sofort Ihre besten Wander-schuhe oder Winterschuhe an, auch wenn es Sommer ist. Die Schuhsohlen sollten ein tiefes, aber dickes Profil haben, die Schuhe sollten auch die Fußknöchel umschließen und verschnürbar sein. Ideal wären natürlich Sicherheitsschuhe mit nagelsicherer Sohle, Stahlkappe im Zehenbereich und Fersenschutz oder notfalls Militärstiefel. Denken Sie daran, in der Not müssen Sie diese Schuhe wochen- oder monatelang tragen, durch alle Jahreszeiten, durch Geröll, Schutt, glühende Asche, Glassplitter, Schwefelsäureregen oder durch radioaktive Landschaften. Bedenken Sie aber auch, dass Sie mit diesen Schuhen gesundheitlich zurechtkommen müssen, ohne Blasenbildung, ohne Scheuerstelle, ohne Bluterguss oder Fußpilz.

Wenn Sie sich wegen fehlender Winterkleidung gegen die frostige Kälte schützen müssen, unterfüttern Sie Ihre Kleidung mit Zeitungspapier, schneiden Sie sich aus Papier oder Karton auch Einlegesohlen für die Schuhe, verwenden Sie dazu auch Alu-Folien als Wärmeschutz, benutzen Sie Seidenstoffe wie Seiden-handschuhe, Seidenhosen, Seidenhemden. Diese dünnen Seidenstoffe sind ideale Wärmebarrieren. So verstärkt zum Beispiel ein Seidenhandschuh, getragen unter dem Lederhandschuh enorme die Wärmeisolierung.

Kopfbedeckungen sind in der Katastrophe enorm wichtig. Im Sommer schützen sie vor Sonnenbrand im Gesicht und auf der Kopfhaut, trotz Haare. Und im Winter reduzieren sie den Energieverlust des Körpers um rund 30 Prozent, denn so viel Körperwärmeenergie geht über einen ungeschützten Kopf ins Freie. Also muss ein Hut oder ein Käppi oder eine Mütze her. Deshalb unterschätzen Sie so eine Kopfbedeckung nicht und sorgen Sie rechtzeitig vor. Zur Not können Sie sich provisorisch etwas basteln, sei es aus Papier oder aus Stoffresten.

Heilpflanzen

Die nachfolgende Aufstellung ist natürlich nicht umfassend und vollständig und auch aus der schulmedizinischen Sicht nicht hundertprozentig beweisbar, aber immerhin besser als gar nichts, wenn Sie in der Not durchs Gebüsch stolpern und mangels Apotheken auf der Suche nach natürlichen Heilpflanzen sind. In der heutigen Kultur fehlen diese ehemals bäuerlichen Grundkenntnisse schon umfassend, viele Pflanzen sind bereits fremd und auch kaum auffindbar oder erkennbar. Die meisten Pflanzen sind für Stadtmenschen nur irgend ein Unkraut in einer Wiese. Besorgen Sie sich deshalb ein Pflanzen-Erkennungsbuch. Die Wirkung solcher Naturpflanzen darf nicht unterschätzt werden und kann Ihnen in Notsituationen sehr gut dabei helfen, die fehlende Apothekenversorgung einigermaßen zu ersetzen.

Angina pectoris: Tee aus jungen Blättern, Blüten, abgeschälten Rinden des Weißdorns, Lindenblüten-Tee

Appetitmangel: Löwenzahn-Tee aus Blüten, Blättern und Wurzel (Stängel wegwerfen)

Arterienverkalkung: Mistel-Tee aus jungen Blättern

Asthma: kalter Wacholder-Aufguss

Augenentzündung: Spitzwegerich-Blätter-Umschläge

Blasenleiden: Ackerschachtelhalm, Birken-Tee aus Blättern und Rinde, Tee aus getrockneten Hagebutten, Tee aus Heidelbeeren-Blättern, Holunder-Rinden-Aufguss, Kamillenblüten-Tee, Margeriten-Tee aus der ganzer Pflanze, Schlüsselblumen-Tee aus der ganzen Pflanze, Spitzwegerich-Tee aus Blättern, kalter Wacholder-Aufguss, Kirschen-Tee aus Fruchtstielen

Blutreinigung: Ackerschachtelhalm, Wundklee-Tee aus Blüten und Blättern

Blutstillen: Kraut vom Ackerschachtelhalm

Brechmittel: dicker Absud aus Veilchen-Blättern und Veilchen-Wurzelstöcke

Brechreiz: Kirschen-Blätter-Tee

Bronchialkatarrh, Bronchitis: Tee aus Heidelbeeren-Blättern, Tee aus Himbeeren-Blättern gurgeln, Huflattich-Blüten- und Blättertee, Lungenkraut-Tee aus Blättern, Schlüsselblumen-Tee aus der ganzen Pflanze, Tee aus Veilchen-Blättern und Veilchen-Wurzelstöcke, Linden-Blüten-Tee

Darmkatarrh: Tee aus Brombeeren-Blättern, Tee aus Himbeeren-Blättern

Darmverstopfung: Holunder-Früchte-Tee, Löwenzahn-Tee aus Blüten, Blättern und Wurzel (Stängel wegwerfen), Schlüsselblumen-Tee aus der ganzen Pflanze, Tee aus Wurzel, Blättern und Blüten der Wegwarte, Kirschen-Blätter-Tee

Durchfall: Benediktenkraut, Tee aus Brombeeren-Blättern, Tee aus Erdbeeren-Blättern, Heidelbeeren-Tee, getrocknete Heidelbeeren, Tee aus Himbeeren-Blättern, Aufguss mit Wallwurz-Wurzeln

Erbrechen: Benediktenkraut, Pfefferminze-Tee

Fieber: Kamillenblüten-Tee

Gallensteine: Pfefferminze-Tee

Gelbsucht: Löwenzahn-Tee aus Blüten, Blättern und Wurzel (Stängel wegwerfen), Tee aus Wurzel, Blättern und Blüten der Wegwarte

Geschwüre: Umschläge mit Margeriten, Veilchen-Blättern und Veilchen-Wurzelstöcke

Gicht: Schlüsselblumen-Tee aus der ganzen Pflanze, Holunder-Rinden-Aufguss, kalter Wacholder-Aufguss

Grippe: Tee aus Brombeeren-Blättern, Tee aus Himbeeren-Blättern, Linden-Blüten-Tee

Halsentzündung: Arnika-Blätter und Arnika-Wurzeln zum Spülen und Gurgeln, Tee aus Brombeeren-Blättern gurgeln, Tee aus Himbeeren-Blättern gurgeln

Harntreibend: Tee aus Erdbeeren-Blättern, Tee aus Heidelbeeren-Blättern, Holunder-Rinden-Aufguss, Tee aus Wurzel, Blätter und Blüten der Wegwarte

Hautausschlag: Umschläge mit Margeriten, kalter Wacholder-Aufguss

Hautentzündungen: Umschläge mit Brombeeren-Blättern, Umschlag mit Himbeeren-Blättern, Holunder-Früchteteeaufguss

Heiserkeit: Tee aus Brombeeren-Blättern gurgeln, Tee aus Himbeeren-Blättern gurgeln, Pfefferminze-Tee

Herzmuskelschwäche: Tee aus jungen Blätter, Blüten, abgeschälten Rinden des Weißdorns

Hexenschuss: Arnika

Hoher Blutdruck: Mistel-Tee aus jungen Blättern

Husten: Tee aus Brombeeren-Blättern gurgeln, Tee aus Himbeeren-Blättern gurgeln, Pfefferminze-Tee, Spitzwegerich-Tee aus Blättern, Tee aus Veilchen-Blättern und Veilchen-Wurzelstöcke, kalter Wacholder-Aufguss, Linden-Blüten-Tee

Katarrh: Holunderblüten-Tee, Spitzwegerich-Tee aus Blättern

Keuchhusten: Tee aus getrockneten Hagebutten, Huflattich-Blüten-Tee, Huflattich-Blätter-Tee, Spitzwegerich-Tee aus Blättern, Tee aus Veilchen-Blättern und Veilchen-Wurzelstöcke

Knochenbrüche: Wurzelbrei aus der Wallwurz

Kopfschmerzen: Benediktenkraut

Leberleiden: Benediktenkraut, Kamillenblüten-Tee, Pfefferminze-Tee

Magenverstimmung: Pfefferminze-Tee, kalter Aufguss mit vor der Blüte gesammeltes Waldmeister-Kraut

Munderkrankungen: Heidelbeeren-Tee zum Gurgeln, Kamillenblüten-Tee zum Gurgeln

Muskelschmerzen: Benediktenkraut auflegen

Nervenberuhigung: Tee aus Erdbeeren-Blättern, Mistel-Tee aus jungen Blättern, kalter Aufguss mit vor der Blüte gesammeltes Waldmeister-Kraut

Nierenleiden: Ackerschachtelhalm, Tee aus getrockneten Hagebutten, Holunder-Rinden-Aufguss, Schlüsselblumen-Tee aus der ganzen Pflanze, kalter Wacholder-Aufguss, Kirschen-Tee aus Fruchtstielen

Ohrenschmerzen: Holunderblüten-Tee

Rheuma: Birken-Tee aus Blättern und Rinde, Holunder-Rinden-Aufguss, Schlüsselblumen-Tee aus der ganzen Pflanze, kalter Wacholder-Aufguss

Ruhr: Ackerschachtelhalm, Benediktenkraut-Wurzeltee, Lungenkraut-Tee aus Blättern, Spitzwegerich-Tee aus Blättern, Heidelbeeren-Tee

Schlaflosigkeit: Tee aus jungen Blätter, Blüten oder abgeschälten Rinden des Weißdorns

Schnupfen: Holunderblüten-Tee, Kamillenblüten-Tee, Schlüsselblumen-Tee aus der ganzen Pflanze, Linden-Blüten-Tee

Schwindelanfälle: Mistel-Tee aus jungen Blättern, Schlüsselblumen-Tee aus der ganzen Pflanze, Tee aus jungen Blättern, Blüten, abgeschälten Rinden des Weißdorns

Steinleiden: Birken-Tee aus Blättern und Rinde, Lungenkraut-Tee aus Blättern

Stirn- und Nebenhöhlenentzündungen: Kamillenblüten-Tee-Dampf

Tuberkulose: Lungenkraut-Tee aus Blättern

Verbrennung: Spitzwegerich-Blätter-Umschläge

Verdauungsbeschwerden: Löwenzahn-Tee aus Blüten, Blättern und Wurzel (Stängel wegwerfen), Tee aus Wurzel, Blättern und Blüten der Wegwarte

Verschleimen: Löwenzahn-Tee aus Blüten, Blättern und Wurzel (Stängel wegwerfen), Margeriten-Tee aus ganzer Pflanze, Spitzwegerich-Tee aus Blättern

Verstauchungen, Prellungen, Blutergüssen: Arnika, Wurzelbrei aus der Wallwurz

Wassersucht: Birken-Tee aus Blättern und Rinde, kalter Aufguss mit noch vor der Blüte gesammeltes Waldmeister-Kraut

Wechselfieber: Löwenzahn-Tee aus Blüten, Blättern und Wurzel (Stängel wegwerfen)

Würmer: Tee aus getrockneten Hagebutten, auch roh und entkernt essen, Tee aus Wurzel, Blätter und Blüten der Wegwarte

Wunden: Umschläge oder Wundbaden mit Kamillenblüten, Umschläge mit Lungenkraut-Blättern, Umschläge oder Spülungen mit Wundklee-Tee, getränkter Umschlag aus Ackerschachtelhalm

Zahnschmerzen: Benediktenkraut, Holunderblüten-Tee

Zuckerkrankheit: Löwenzahn-Tee aus Blüten, Blättern und Wurzel (Stängel wegwerfen)

Rechtlosigkeit

Es gibt keine Rechtlosigkeit, Grund- und Menschen-rechte gelten immer, auch in Katastrophen. In der Katastrophe gibt es aber auch die selben Probleme mit dem Recht wie im normalen Alltag, nämlich mit dem Recht-Haben und dem Recht-Bekommen.

Wenn Ihnen in der Katastrophe jemand eine Konser-vendose aus der Wohnung stiehlt oder Ihnen auf der Straße den Wintermantel raubt, sind Sie zwar im Recht, aber bekommen kein Recht, den es fehlen Gerichte, Staatsanwälte, Zeugen und vor allem Angeklagte, denn diese sind mit ihrer Beute schon längst weiter gezogen.

Auch die Zeit der Katastrophe ist irgendwann einmal zu Ende, staatliche Strukturen entstehen wieder, Behörden beginnen zu recherchieren, zu dokumentieren, zu archivieren. Aufgrund der bisherigen Rechtspre-chung können Sie davon ausgehen, dass viele Vergehen und Verbrechen mangels verwertbarer Beweise, glaub-hafter Zeugen oder wegen verminderter Schuldfähigkeit nie geahndet werden. Entscheiden Sie selbst, ob Sie solch erlebtes Unrecht anzeigen oder Sie sich den zumeist erfolglosen Aufwand ersparen wollen.

Anders sieht es bei schwersten Kapitalverbrechen wie Mord, Totschlag, Folter und Vergewaltigung aus. Versuchen Sie so gut es geht, all Ihre Erlebnisse und Kenntnisse schriftlich festzuhalten. Wer hat wann wen wegen was getötet? Wer war Zeuge oder Mittäter? Beschreiben Sie den Täter, Alter, Kleidung, besondere

Kennzeichen, alles kann wichtig sein. Bedenken Sie, dass sich der Ermordete nicht mehr selber Recht verschaffen kann und auf Sie angewiesen ist. Auch die Opfer von Vergewaltigung oder Folter sind oft nicht in der Lage, sich Recht zu verschaffen, da Sie sich schämen oder verängstigt Rache befürchten. Stehen Sie solchen Menschen sofort bei, werden Sie für sie im Rahmen Ihrer Möglichkeiten aktiv; auch später, wenn Sie wieder den Staat als Rückendeckung haben.

In der Katastrophe gilt auch ein ungeschriebenes biologisches Gesetz: junge Mütter mit Kleinkindern haben mehr Anspruch auf ein Überleben als Männer allen Alters und als ältere Frauen. Dies ist auch bei der Seefahrt der Brauch, wenn ausgewählt werden muss, wer zuerst in die Rettungsboote steigen darf.

Natürlich hat jeder Mensch ein Recht auf Leben, egal wie alt sie oder er ist. Aber in Grenzsituationen siegt in der Regel der gesunde Menschenverstand und die existenzielle Versorgung des Nachwuchses, egal ob es der eigene oder der von Fremden ist. Junge Mütter und deren Kinder haben in der Katastrophe also ein ungeschriebenes Privileg. Wenn Sie selbst also eine junge Mutter mit Kleinkindern sind, bestehen Sie energisch auf jegliche Hilfe und Unterstützung, kämpfen Sie mit Worten und Taten um Ihren Nachwuchs und ums Überleben. Wenn Sie hingegen bereits ein älterer Mensch sind, dann unterstützen Sie bedingungslos diese junge Mutter und ihre Kinder, denn diese haben eventuell noch eine lange Zukunft, Sie selbst aber nur noch eine kurze.

Gruppenbildung/Sozialverhalten

Entweder schließen Sie sich einer Gruppe an oder Sie bilden selber eine Gruppe. Versuchen Sie nicht allein durch die Katastrophe zu wandeln, denn es könnte tödlich enden und niemand würde auch davon berichten.

Wenn Sie genügend Erfahrung, Selbstvertrauen und Charisma haben, werden Sie selber eine Überlebensgruppe gründen und leiten können. Bedenken Sie aber, dass sich die anderen auf Sie verlassen und sich Vorteile erhoffen, die Sie auch dann bieten müssen.

Das Wichtigste ist die Sicherheit. Sie müssen Sicherheit anbieten, egal wie. Und Sie müssen dieses Sicherheitsgefühl ständig aufrecht erhalten, sonst laufen Ihnen die Leute wieder weg.

Das Zweitwichtigste ist Freiheit. Wenn Sie die Gruppe bevormunden oder sogar mit Gewalt leiten, haben Sie bereits verloren. Ihre Entscheidungen müssen vernünftig begründbar sein und der Gruppe Vorteile bringen, Sie müssen als Vorbild vorausschauend sich durch die Katastrophe bewegen wollen und können. Die Gruppe muss andererseits aber auch den Eindruck von Mitsprache und freier Entscheidung haben.

Das Drittwichtigste ist gegenseitige Kontrolle der Gruppenmitglieder untereinander. Wenn Sie nachts nur Einzelpersonen als Wache einteilen oder zwei Personen, die eh zusammengehören, kann es am nächsten Morgen Überraschungen geben. Dann fehlen plötzlich diese

Wachen und wichtige Nahrungsvorräte und Werkzeuge. Denn sobald statt Überschuss nur Mangel herrscht, versuchen manche nachts heimlich sich zu verselbständigen. Deshalb teilen Sie nur gegensätzliche Gruppenmitglieder immer paarweise oder sogar zu Dritt als Wachen ein, damit sie sich auch gegenseitig belauern und nichts wegkommt.

In der Not schrecken manche auch nicht vor Mord zurück, wenn es um die letzten Nahrungsmittelvorräte oder Trinkwasservorräte geht. Bauen Sie deshalb ein gesundes Misstrauen in der Gruppe auf. Je länger Menschen in einer Gruppe leben, desto intensiver wird zwar das gegenseitige Vertrauen und Verständnis. Andererseits bewegen sich alle in einer psychologischen Grenzsituation, mit materiellen Verlusten, mit verlorenen Angehörigen, mit Schmerz, Verzweiflung, Ängste, Hass und Wut. Hier kann schnell die Situation kippen und jemand voll durchdrehen bis hin zur nackten Gewalt.

Besprechen Sie das besser vorher mit allen, legen Sie die Vorgehensweise fest, damit alle zusammenstehen, wenn jemand durchdreht oder zusammenbricht. Versuchen Sie jedem klar zu machen, dass in solch einem Fall nicht nur die Gruppe beschützt werden muss, sondern auch die oder der Betroffene selbst. Denn in Katastrophenfällen steigt natürlich die Selbstmordrate rapid an, weil sich viele überfordert fühlen von den Ereignissen und der vermeintlich miserablen Zukunftserwartung. Beugen Sie hier rechtzeitig vor mit offenen Gesprächen, schonungslosen Wahrheiten, aber trotz alledem auch psychologischem Feingefühl. Die Mitglieder der Gruppe haben einen Anspruch auf Wahrheit. Sie verlieren Ihre Führungsfunktion sehr schnell, wenn Sie nur beschönigen, vertuschen oder lügen. Auf die Wahrheit reagieren natürlich manche depressiv, auf aufgedeckte Lügen aber viele sofort aggressiv. Bleiben Sie deshalb besser ehrlich.

Wenn Sie sich hingegen selber einer bestehenden Gruppe anschließen wollen, gehen Sie achtsam vor. Beobachten Sie erst einige Zeit diese Gruppe. Gehen Sie nicht unbedacht zu fremden Menschen ohne Rückendeckung oder Fluchtmöglichkeiten. Achten Sie auf Ihre Vorteile, ob diese Ihnen wirklich geboten werden. Prüfen Sie die Kriterien der Sicherheit, der Freiheit und der gegenseitigen Kontrolle. Verlassen Sie die Gruppe schnellstmöglich, wenn Ihnen etwas seltsam vorkommt. In den Grenzsituationen bei einer Katastrophe können sich die unglaublichsten Gruppen bilden. Sind alle so nett und zuvorkommend zu Ihnen, weil Sie in einer Kannibalen-Gruppe angekommen sind? Wird Ihnen nachts im Schlaf der Schädel einge-schlagen, weil Ihre mitgebrachten Vorräte der Gruppe wichtiger sind als Ihr Leben? Lebt die Gruppe von Raub und Mord an anderen und Sie sollen da auch noch mitmachen? Sollen Sie sich unterordnen und für einen Katastrophen-Despoten als Arbeitssklave dienen? Der blühenden Fantasie sind leider keine Grenzen gesetzt.

Wenn Sie aber Glück haben und die Gruppe Ihnen voll zusagt, bleiben Sie dort, egal was passiert. Ihre Überlebenschance steigt rapide in einer guten Gruppe.

Strukturen aufbauen

Wenn Sie die Katastrophe in Ihrem Dorf erleben, haben Sie sehr gute Überlebenschancen. Dorfbewohner kennen sich untereinander und halten trotz gewisser Animositäten, Streitigkeiten oder Abneigungen in der schlimmsten Not zusammen. Zudem gibt es hier in der Regel Bäche, Quellen oder einen Fluss sowie Tiere, landwirtschaftliche Nahrungsmittelvorräte, Maschinen, Werkzeuge, Holzvorräte und Wälder sowie eine unbürokratische Gemeindeverwaltung.

In der Not entsteht sehr schnell eine organisatorische Struktur, die niemanden ausgrenzen wird. In direkter Demokratie können Beschlüsse sofort umgesetzt werden. Auch despotische Bürgermeister erkennen mangels Polizeigewalt und wegen nicht erreichbaren höheren juristischen Instanzen schlau sehr schnell, dass sie sich in der Katastrophe ausschließlich ums Gemeinwohl aller Dorfbewohner kümmern müssen und nicht mehr nur ums Wohl ihrer Sippe oder ihrer Seilschaften. Denn andernfalls würden sie von der Mehrheit der Notleidenden vielleicht entmachtet, vertrieben oder schlimmstenfalls sogar erschlagen.

Das Hauptproblem eines Dorfes wird in einer Katastrophe das Sicherheitsproblem sein, denn ortsfremde Flüchtlinge aus den Städten drängen aufs Land, betteln, suchen Unterschlupf und Nahrungsmittel, wollen oder müssen plündern und rauben. Hier müssen Kompromisse gefunden, denn die Felder sind leicht zugänglich und nicht bewachbar, auch um die Dörfer sind keine Schutzzäune oder hohe Mauern. Vorne am Bauernhof klingeln Flüchtlinge um ein paar Eier, Kartoffeln oder Brot, während hinten im Garten bereits die Bettlaken von der Wäscheleine gestohlen werden und ein paar Hühner spurlos verschwinden. Insgesamt sind die Überlebenschancen im Dorf aber einfach gut. Je weiter weg von einer Stadt, um so besser.

Wenn Sie die Katastrophe aber in einer Stadt erleben, egal ob Kleinstadt oder Großstadt, müssen Sie mit dem Schlimmsten rechnen. Denn Sie werden die meisten Menschen nicht persönlich kennen, die Entscheidungsgremien sind in der Not meist handlungsunfähig oder auch gar nicht mehr vorhanden. Auch die Nahrungsmittel-Vorräte der Stadt sind sehr begrenzt; mit Glück einen Bach, einen Fluss oder eine Quelle, dafür aber Notbrunnen, die kaum jemand kennt, mangels Personal und Notstromaggregate vielleicht sogar auch nicht betrieben werden können.

In der Stadt gibt es auch kaum Brennholz, Nutz- oder Wildtiere. Daraus resultiert eine geringere Hilfsbereitschaft, ein geringeres Zusammengehörigkeitsgefühl, fehlende Notverwaltungsstrukturen, fehlendes Vertrauen in die Überreste von Stadtverwaltungsstrukturen. Bauen Sie deshalb schnellstmöglich eine Überlebensgruppe auf, die sich den Gegebenheiten optimal anpasst, denn als Einzelne oder Einzelner haben Sie in der Stadt sonst kaum eine Chance.

Dokumentation

Auch in der Katastrophe müssen Sie an die zukünftigen behördlichen Bedürfnisse denken, wenn Sie nach Überwindung der Katastrophe vom Staat nun wieder Rechte oder Geld einfordern. Wenn Ihnen neben dem täglichen Kampf ums Überleben noch Zeit bleibt, kümmern Sie sich um Ihre Dokumente. Retten Sie unbedingt Ihre Original-Unterlagen, die beweisen, dass Sie eine Immobilie, ein Grundstück oder eine Rentenversicherung besessen haben. Auch private Lebensversicherungen oder sonstige Versicherungen können wichtig sein.

Stellen Sie sich aber vor, Sie haben mit Mühe und Not eine Katastrophe samt Ihren Unterlagen überlebt, aber der Staat verweigert Ihnen nun eine Rentenversicherung oder andere Eigentumsrechte mit der Begründung, dass Sie keinen gültigen Ausweis haben und als anonymer Flüchtling eingestuft werden! Also noch wichtiger sind Personalausweis und Reisepass, eventuell auch noch der Führerschein. Denn ohne amtlichen Ausweis mit Lichtbild sind Sie ein Nichts, staatenlos, Flüchtling, nicht akzeptierbare Schmarotzerperson, die nur Bürokratie verursacht und schlimmstenfalls in ein Internierungslager verfrachtet werden muss.

Soldaten tragen eine metallene Erkennungsmarke am Hals, damit sie trotz der furchtbarsten Körperverstümmlungen vielleicht noch identifiziert werden können. Für das Militär, die Hinterbliebenen, die Erben, die Versicherungen und Behörden ist ein bestätigter Toter leichter zu verarbeiten als jahrelange Ungewissheit, ob der Vermisste nicht doch noch lebt. Wenn Sie also in der Katastrophe noch ein Stück Schnur, Ihren Ausweis und einen Papierlocher griffbereit haben, machen Sie sich ein Loch in Ihren Ausweis an einer unwichtigen Stelle und hängen Sie sich den Ausweis mit einer Schnur um den Hals unter der Kleidung, damit Sie den Ausweis garantiert nicht verlieren. Und wenn doch alles schiefgeht, sind Sie wenigstens identifizierbar. Ihre Erben werden es Ihnen dann danken.

Tipp: Folgende Original-Papiere sollten Sie sammeln, gut geschützt verpacken und für eine eventuelle Flucht griffbereit vorhalten. Das können Sie jetzt schon vorbereiten oder natürlich auch erst in der Katastrophe zusammenstellen, wenn Sie Zeit dazu finden: Arbeitsverträge, Diplome, Familienbuch, Geburtsurkunde, Geschäftsunterlagen, Grundbuch-auszüge, Heiratsurkunde, Immobilienverträge, Konto-auszüge, Rentenpapiere, Sparverträge, Versicherungs-policen und Zeugnisse.

Natürlich können Sie nicht ganze Aktenberge in der Not mit sich schleppen. Mehr als die Menge eines schmalen Aktenordners sollte es also nicht sein! Je nach Alter, Beruf, sozialer Stellung und familiären Umfeld ergeben sich ganz unterschiedliche Prioritäten fürs Dokumentensammeln. Denn wenn Sie bereits älter sind, wollen Sie eher Ihre Rentenansprüche sichern, wenn Sie aber noch jung sind, eher Ihre schulischen und beruflichen Ausbildungen nachweisen.

Umgang mit Toten

Auch wenn es im ersten Moment etwas abwegig klingen mag, aber Sie müssen in der Katastrophe vielleicht auch Tote beerdigen können. Es gibt diverse Gründe, dass Tote möglichst schnell beerdigt werden: Tote beginnen furchtbar zu stinken, Tote locken wilde Tiere oder herumstreunende Haustiere an, Tote gefährden das Grundwasser, Seen, Flüsse und Bäche. Tote beeinträchtigen auch das Straßenbild, es belastet psychologisch enorm, wenn Sie und andere täglich auf der Suche nach Feuerholz oder zum Trinkwasserholen immer an den selben Leichen vorbei gehen müssen und den täglichen Zerfall ansehen müssen.

Abgesehen von den religiösen Riten und Gebräuchen sollten Sie eine Grundregel beachten, um sich und andere nicht zu gefährden: Tote sind giftig! Unterschätzen Sie nicht das Leichengift. Je schneller Sie etwas unternehmen, um so weniger wird es Sie gesundheitlich und psychisch belasten. Verschwenden Sie keine Zeit mit dem sinnlosen Zimmern von Särgen. Arbeiten Sie mit Mundschutz, durchsuchen Sie die Kleidung von Toten mit Einmalhandschuhen, machen Sie sich Notizen, belassen Sie aber letztendlich die zur Identifizierung des Leichnams wichtigen Dokumente in der Kleidung des Toten für die Nachwelt, dort sind Sie besser aufgehoben als bei Ihnen. Wenn möglich, verwenden Sie natürlich keine infizierten Kleidungsstücke oder Schuhe des Toten für Lebende.

Das Hauptproblem von Beerdigungen ist das Grab schaufeln. In den Filmen erfolgt dann immer ein Filmschnitt, das Grab ist danach plötzlich fertig ausgehoben, die Handlung geht beschwingt weiter. In der Realität ist das aber eine furchtbare Plackerei. Vorausgesetzt Sie haben überhaupt eine vernünftige Schaufel, dann müssen Sie etwa zwei bis drei Kubikmeter Erde, also fast sechs bis acht Tonnen Gewicht aus Wurzeln, Kies, schweren Lehmboden oder Sand bewegen. Das dauert alleine sehr viele Stunden, wenn nicht Tage. Gerade aber in der Katastrophe müssen Sie mit Ihren Kräften haushalten. Bei frostiger Witterung sind Sie außerdem ohne Pickel hilflos, denn der Boden ist gefroren, hier in Europa im Winter bis zu einem Meter tief!

Tipp: Stellen Sie sich einen Spaten für 12 Euro in den Keller, auch und gerade wenn Sie in der Stadt wohnen und keinen Garten haben.

Wenn Sie alleine auf sich gestellt sind und nur eine Handvoll Tote haben, werden Sie das schon irgendwie hinbekommen wollen. Wenn Sie aber sehr viele Tote haben, beerdigen Sie lieber niemanden, sondern sammeln Sie die Toten an einer geeigneten Stelle, zu mehr werden Sie nicht die Kraft haben.

Im Winter ist das Sammeln von Brennholz weniger anstrengend als im gefrorenen Boden zu graben, also verbrennen Sie doch besser die Leichen. Da sollten Sie aber möglichst alle Dokumente der Toten vorher sicherstellen und später neben der Asche für die Nachwelt mit vergraben.

Alternativ können Sie Tote mit tausenden Steinen bedecken, grabende Tiere geben bei solchen Steinhaufen irgendwann auf, die Leichen können zwar verwesen, aber es wird dort eine Zeitlang stinken.

Markieren Sie die Gräber dauerhaft für die Nachwelt, hier in Europa genügt ein einfaches Holzkreuz als Markierungssymbol, aus zwei Stecken zusammengebunden. Kein moslemischer, jüdischer, hinduistischer oder buddhistischer Angehöriger wird Ihnen später deshalb gleich böse sein, eher dankbar, dass überhaupt das Grab noch auffindbar war. Versuchen Sie eine dauerhafte Dokumentation der Verstorbenen zu archivieren, es genügt, Namen, Geburtsdaten und Sterbedaten, eventuell noch Ausweisnummern in einem Heft aufzubewahren. Wenn die tote Person aber keine Dokumente bei sich hat und auch niemand glaubhaft die Identität der Person bezeugen kann, dann versuchen Sie, persönlichen Eindrücke schriftlich festzuhalten, damit es der Nachwelt leichter fällt, die tote Person zu identifizieren. Notieren Sie sich Geschlecht, Alter, Kleidung, besondere Kennzeichen wie Schmuck, Piercing, Muttermale, Tätowierungen oder Haartracht, Zähne, Tascheninhalte und Ausrüstung.

Bei all dem Totenkult, der Hygiene und der psychischen Belastung setzen Sie aber immer die richtigen Prioritäten. Die Lebenden sind viel wichtiger als die Toten. Wenn Sie und Ihre Familie Hunger, Durst oder andere Probleme haben, kümmern Sie sich vorrangig um Ihre eigenen Probleme, die Toten können und müssen dann leider eben warten.

Flucht ins Ungewisse

Wenn in der Katastrophe der Tag gekommen ist, dass Sie sich für eine Reise ins Ungewisse entscheiden müssen, dann treffen Sie wichtige Vorbereitungen. Packen Sie sich sorgfältig Ihr Notgepäck. Bedenken Sie das Gewicht und verzichten Sie auf überflüssige Belastungen. Gehen Sie auch sicherheitshalber mehrmals den Inhalt durch, denn es gibt in der Regel keinen Weg mehr zurück, um Vergessenes zu holen. Denn das werden sich in der Zwischenzeit meistens schon andere geholt haben, die heimlich Ihren Aufbruch beobachtet und dann Ihre aufgegebene Wohnung ausgeplündert haben.

Für Ihr Notgepäck bestens geeignet ist ein Rucksack. Verzichten Sie auf Taschen, Reisekoffer oder Plastiktüten. Ein Rucksack muss genügen, denn Sie müssen beide Hände frei haben. Ins Notgepäck gehören

alle wichtigen Medikamente, ca. 200 g
ein bisschen Verbandsmaterial, ca. 200 g
Decke/Schlafsack, ca. 2.000 g
Ersatzunterwäsche/Socken/Hemd, ca. 2.000 g
Verpflegung, ca. 3.000 g
Trinkwasserflasche, gefüllt, ca, 1.500 g
faltbarer Wasserkanister, leer, ca. 200 g
Micropur-Tabletten, ca. 50 g
Essgeschirr/Topf/Pfanne, ca. 1.000 g
Essbesteck, ca. 200 g
Streichhölzer und Feuerzeuge, ca. 100 g

Nähzeug, ca. 50 g
Dokumentenmappe, ca. 1.000 g
Staubmasken, ca. 50 g
Seife, ca. 100 g
Haushaltshandschuhe, ca. 100 g
Handkurbel-Radiogerät, ca. 600 g
Fuchsschwanz-Säge, ca. 400 g

Grob geschätzt kommen Sie also auf ca. 12 kg Gepäckgewicht (ohne Gewicht des Rucksacks selbst); wenn Sie etwas kräftiger sind, können Sie auch 15 kg packen. Bedenken Sie aber, Sie müssen dieses Gepäck tagelang tragen und andererseits damit autonom überleben können, denn Sie sind auf sich allein gestellt.

Als Bekleidung verwenden Sie Ihre stabilsten Schuhe, möglichst mit Knöchelschutz, warm und gut verschnürbar, Ihre robusteste Hose und Jacke oder Mantel und eine sinnvolle, zur Jahreszeit passende Kopfbedeckung.

Ganz wichtig sind Handschuhe, aber nicht die Winterhandschuhe, sondern robuste Arbeitshandschuhe, damit Sie sich nicht die Hände verletzen. Denn je nach Katastrophenart müssen Sie sich durch Ruinen, Schuttberge, Gestrüpp, zerbrochene Glasscheiben, verstrahlte Erde, staubige Gegenstände, verseuchte Räume und zubeißende Tiere kämpfen und dabei sollten Sie Ihre wertvollen Hände unbedingt vor Verletzungen schützen.

In die Mantel- oder Jackentasche gehören ein Dolch oder Taschenmesser und ein Pfefferspray, denn diese Gegenstände müssen Sie schnell benutzen können. Wenn vorhanden, nehmen Sie beim Wandern einen

Dolch, ein Messer oder eine Axt in die Hand. Damit können Sie sich einerseits unterwegs leichter Brennholz beschaffen und sich andererseits in der Not auch schnell gegen Tiere oder Menschen verteidigen.

Wenn Sie Teleskop-Wanderstöcke haben, nehmen Sie mindestens einen im Gepäck mit, damit Sie sich im steilen Gelände Energie sparen und Ihre Gelenke schonen.

Soweit vorhanden, nehmen Sie sich Landkarten mit, je nach dem, wohin Sie gehen wollen. Wenn Sie zufällig einen Kompass haben, nehmen Sie auch den mit, denn gerade bei bewölktem Himmel kann man sich leicht in der Richtung irren. Wenn Sie keinen Kompass, aber eine Armbanduhr mit Stundenzeiger haben und die Sonne erkennbar ist, richten Sie den Stundenzeiger Richtung Sonne, halbieren Sie dann den Winkel zwischen 12 Uhr und dem Stundenzeiger und Sie blicken ungefähr Richtung Süden. Das funktioniert aber nicht so gut mit der Sommerzeit, stellen Sie sich deshalb die Uhr besser auf die Normalzeit um.

Falls Sie nachts wandern, orientieren Sie sich an den Sternen, lernen Sie, wie Sie den Polarstern durch den Großen Wagen bzw. Großen Bären finden können. Es kann durchaus sinnvoll sein, nachts zu wandern und tagsüber zu rasten und zu schlafen, wenn Sie unentdeckt bleiben wollen oder müssen.

Sie müssen sich notfalls im Wald eine wetterfeste Unterkunft bauen können, deshalb sind Fuchs-schwanz-Säge und Axt trotz des Gewichts sehr wichtig.

Kinder im Chaos

Wenn Sie Mutter oder Vater von Kindern sind, haben Sie in der Katastrophe eine zusätzliche Belastung, die Sie sicherlich fast überfordern wird. Je nach Alter werden die Kinder Fragen stellen, Ansprüche stellen, Ultimaten stellen. Geben Sie Ihr Bestes, überzeugen Sie naive Pubertierende von den realen Gefahren draußen, wenn die der irrigen Meinung sind, dass sie alles besser wüssten.

Kümmern Sie sich aber vorrangig um Ihr Baby, denn das hat unter den Umständen nur mittlere Überlebenschancen in der Katastrophe.

Kleinkinder müssen abgelenkt und beschäftigt werden. Teilen Sie ihnen vermeintlich wichtige Aufgaben zu. Den Anblick von Toten werden Sie nicht verhindern können, ebenso den Anblick von menschlichem Leid und brutaler Gewalt. Zeigen Sie Ihren Kindern, dass Sie von Ihnen bedingungslos beschützt werden und dass die Umstände im Chaos nun halt so sind wie sie sind, vermitteln Sie Normalität, auch wenn es Ihnen selber graust.

Ältere Kinder sind schon skeptischer, denen brauchen Sie nichts mehr vormachen. Zeigen Sie, wo es lang geht, fordern Sie Aufopferung und Selbstdisziplin. Sie sind schon mehr belastbar und können sich zusammenreißen.

Jugendliche in der Pubertät sind im Katastrophenfall hochgradig gefährdet, ihre Überlebenschance ist erheblich geringer als das eines Babys, denn sie können sich nicht in den Familienverbund einordnen, sabotieren innerhalb einer Gruppe, sorgen für Unruhe, proben täglich den Aufstand und gefährden sich und andere. Schützen Sie sich rechtzeitig vor deren Gewaltanwendung, denn gerade aus marodierenden Pubertierenden können im Katastrophenfall die ersten plündernden Banden entstehen. So ein Sechszehn- oder Siebzehnjähriger nimmt ungefragt sein Leben schnell selbst in die Hand und verschwindet plötzlich über Nacht ins Chaos.

Kinder und Jugendliche sind mangels Lebenserfahrung kaum misstrauisch und können sehr schnell in fremde Gewalt geraten, deshalb schulen Sie Ihren Kindern Misstrauen vor fremden Einflüssen und lassen Sie Ihre Kinder niemals allein.

Bedenken Sie in der Katastrophe auch, dass Kinder kein Geheimnis für sich behalten können. Vergraben Sie Ihre Silber- und Goldschätze deshalb besser ohne kindliche Zeugen.

Wenn Sie in der Katastrophe schwanger sind, suchen Sie sofort Kontakt zu anderen Frauen, die zumindest Schwangerschaftserfahrungen haben. Bedenken Sie auch, dass mangels ärztlicher Hilfe kein Kaiserschnitt möglich sein wird und Sie und Ihr Kind elendiglich verrecken, wenn bei der Entbindung etwas schief geht. Sie brauchen ab dem achten Monat unbedingt dringendst ärztliche Beratung und Unterstützung.

Schlusswort

Der Leserin oder dem Leser mag vieles im Buch übertrieben, befremdlich, vielleicht auch abartig oder brutal erscheinen. Katastrophen erzeugen aber nun mal außergewöhnliche Verhältnisse und Verhaltensweisen von Mitmenschen.

Natürlich sind bei den auftretenden Katastrophen in der Welt meistens schon nach drei Tagen die ersten Hilfsgüter abgeworfen oder die ersten Helfer mit LKW oder Hubschrauber vor Ort. Manchmal aber eben auch nicht. Seien Sie deshalb immer skeptisch, denn gerade dann sind die notleidenden Menschen leider auch mehrere Wochen oder Monate auf sich allein gestellt.

Verlassen Sie sich in so einer Notsituation nie allein auf den Staat, nehmen Sie das Heft lieber selber in die Hand und machen Sie einfach, was Sie für richtig und wichtig halten. Wenn Sie Familie haben und gute Nachbarn, die ebenfalls Erfahrung, Verständnis und Wagemut haben, dann sind sie alle schon fast unangreifbar. Egal ob wohlstandsverwahrloste Reihenhaussiedlungen oder armutsverwahrloste Plattenbauten im sozialen Brennpunkt, Sie werden erstaunt sein, wie viele Menschen abrupt umschalten können und sich in der Not um andere sehr sozial kümmern. Halten Sie deshalb zusammen, denn gemeinschaftlich ist ein Baum für Brennholz schneller gefällt und verteilt. Nach dem Ende der Katastrophe werden dann auch leichter neue Ersatzbäume gemeinschaftlich gepflanzt.

Über tredition

Der tredition Verlag wurde 2006 in Hamburg ge-gründet. Seitdem hat tredition Hunderte von Büchern veröffentlicht. Autoren können in wenigen leichten Schritten print-Books, e-Books und audio-Books publi-zieren. Der Verlag hat das Ziel, die beste und fairste Veröffentlichungsmöglichkeit für Autoren zu bieten.

tredition wurde mit der Erkenntnis gegründet, dass nur etwa jedes 200. bei Verlagen eingereichte Manu-skript veröffentlicht wird. Dabei hat jedes Buch seinen Markt, also seine Leser. tredition sorgt dafür, dass für jedes Buch die Leserschaft auch erreicht wird.

Autoren können das einzigartige Literatur-Netzwerk von tredition nutzen. Hier bieten zahlreiche Literatur-Partner (das sind Lektoren, Übersetzer, Hörbuchspre-cher und Illustratoren) ihre Dienstleistung an, um Manu-skripte zu verbessern oder die Vielfalt zu erhöhen. Au-toren vereinbaren unabhängig von tredition mit Litera-tur-Partnern die Konditionen ihrer Zusammenarbeit und können gemeinsam am Erfolg des Buches partizipieren.

Das gesamte Verlagsprogramm von tredition ist bei allen stationären Buchhandlungen und Online-Buch-händlern wie z. B. Amazon erhältlich. e-Books stehen

bei den führenden Online-Portalen (z. B. iBook-Store von Apple) zum Verkauf.

Seit 2009 bietet tredition sein Verlagskonzept auch als sogenanntes "White-Label" an. Das bedeutet, dass andere Personen oder Institutionen risikofrei und unkompliziert selbst zum Herausgeber von Büchern und Buchreihen unter eigener Marke werden können.

Mittlerweile zählen zahlreiche renommierte Unternehmen, Zeitschriften-, Zeitungs- und Buchverlage, Universitäten, Forschungseinrichtungen, Unternehmensberatungen zu den Kunden von tredition. Unter www.tredition-corporate.de bietet tredition vielfältige weitere Verlagsleistungen speziell für Geschäftskunden an.

tredition wurde mit mehreren Innovationspreisen ausgezeichnet, u. a. Webfuture Award und Innovationspreis der Buch-Digitale.

tredition ist Mitglied im Börsenverein des Deutschen Buchhandels.

Zeitfracht Medien GmbH
Ferdinand-Jühlke-Straße 7
99095 Erfurt, Deutschland
produktsicherheit@kolibri360.de